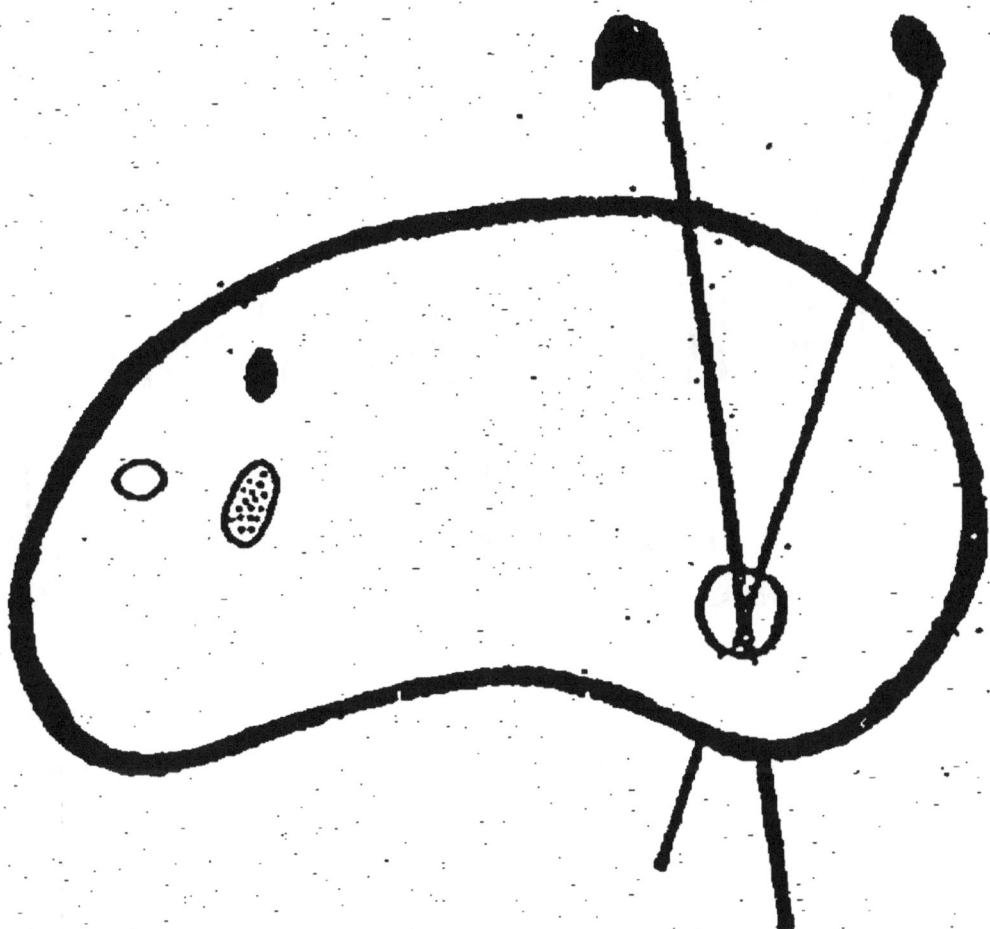

DEBUT D'UNE SERIE DE DOCUMENTS
EN COULEUR

DE LA PENSÉE

(3me PARTIE.)

NOTES ET RÉFLEXIONS

PAR

Claude-Charles CHARAUX

Professeur de Philosophie à la Faculté de Grenoble.

TROISIÈME ÉDITION.

PARIS

DURAND ET PEDONE-LAURIEL

13, RUE SOUFFLOT, 13.

1884

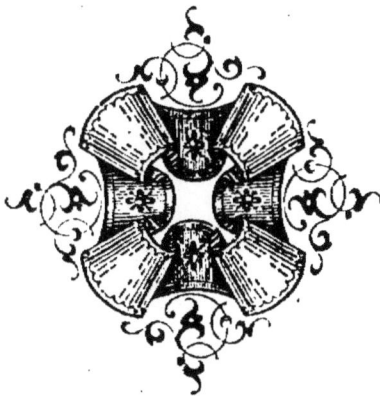

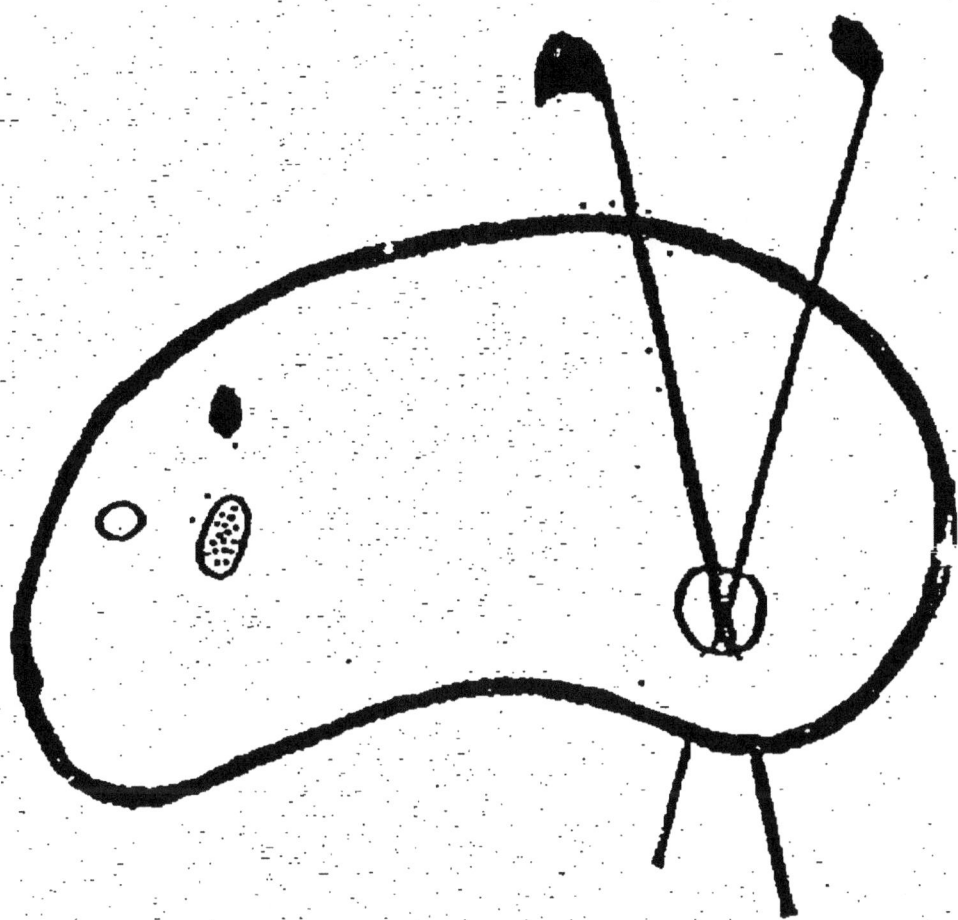

FIN D'UNE SERIE DE DOCUMENTS
EN COULEUR

DE LA PENSÉE

(3me PARTIE.)

NOTES ET RÉFLEXIONS

Grenoble, imp. F. ALLIER PÈRE ET FILS, Grande-Rue, 8.

DE LA PENSÉE

(3me PARTIE.)

—————

NOTES ET RÉFLEXIONS

PAR

Claude-Charles CHARAUX

Professeur de Philosophie à la Faculté de Grenoble.

—————

TROISIÈME ÉDITION.

—————

PARIS

DURAND ET PEDONE-LAURIEL

13, RUE SOUFFLOT, 13.

—

1884

TABLE DES MATIÈRES

DU PREMIER VOLUME.

(DEUXIÈME ÉDITION.)

————►✗◄————

DEUXIÈME PARTIE.

DE LA PENSÉE. — *Leçons et Conférences.*

Simple appendice au livre de la Pensée (1),
ces Notes et Réflexions n'étaient point
d'abord destinées à devenir elles-mêmes un
livre. Chemin faisant elles ont pris assez de
corps pour que nous ayons cru devoir, dans
une seconde édition (2), les diviser en huit
parties, mais sans autre indication ou distinction qu'un numéro d'ordre.

Ces huit parties forment aujourd'hui autant de chapitres : chacun de ces chapitres a
son titre et son cadre parfois un peu large,
mais le sujet ne permet guère qu'il en soit
autrement. Il en est, en effet, de ces Notes
comme des livres d'une bibliothèque où la

---

(1) Première édition, 1881, 1 vol.
(2) 1883, 2 vol.

classification la plus savante laisse toujours prise à la critique et n'est jamais sans imperfection.

Notre bibliothèque s'est accrue d'une centaine de pensées : si elle devait un jour en contenir davantage nous ferions de notre mieux pour en augmenter et en déterminer sagement les divisions, mais sans grand espoir d'y réussir à notre satisfaction et à celle de nos lecteurs. Mieux vaut peut-être y renoncer dès à présent, et nous fortifier dans cette conviction que livres, pensées, vérités, s'accommodent assez mal des barrières infranchissables et des séparations absolues.

Grenoble, 6 juin 1884.

NOTES ET RÉFLEXIONS.

CHAPITRE I.

De la Pensée en général.

— La pensée de l'homme n'épuisera jamais ni Dieu ni ses œuvres : on ne viendra jamais trop tard pour penser. Comme la raison d'où elle procède la pensée a l'infini pour lumière et pour terme.

— Plus une pensée se rapporte à l'homme et à Dieu, plus elle est vraiment pensée.

— La pensée aura toujours ce titre au premier rang que, sans son secours, les rivaux qui le lui disputent ne sauraient même pas qu'ils peuvent entrer en lutte avec elle.

— Tributaires, à tous les instants de notre vie, de nos sensations et de nos impressions, serviteurs soumis et charmés de notre imagination, directeurs assez mal obéis de nos idées et de nos souvenirs, nous gouvernons d'autant mieux nos pensées que nous en partageons plus volontiers l'empire avec Dieu.

— « N'y pensez plus ». — C'est fort bien dit, mais il ne suffit pas de votre sage conseil, il faudrait que mon âme le voulût bien.

— Les hommes veulent qu'on pense comme eux : ils savent le prix de la vérité et qu'elle est une.

— Tant de connaissances que vous accumuliez dans votre esprit, elles n'y allumeront pas la flamme de la pensée, mais elles la feront briller d'un éclat plus durable.

— Quelques-uns s'efforcent de penser et s'étonnent de n'y point réussir : ils appliquent l'effort où il ne faut pas. Qu'ils lisent, qu'ils analysent, qu'ils observent, qu'ils recueillent de partout des

idées et des faits, et peut-être un jour, à l'heure
que Dieu voudra, ils penseront.

— La pensée a ses degrés, ses objets très diffé-
rents, sa possession plus ou moins complète
d'elle-même. De là vient que les uns disent : « peu
d'hommes pensent », et les autres : « la pensée
est le bien commun de tous les hommes. » Les
premiers rendent hommage à son élévation, les
seconds à son étendue. Le plus grand nombre
en effet veut bien la développer, quelques-uns
seulement s'efforcent de l'élever ; mais qu'elle
s'étende ou qu'elle s'élève, c'est toujours là
pensée.

— *Penseur* : — déplaît aux délicats qui n'en
sauraient souffrir l'excès et la prétention ; —
déplaît aux philosophes, parce qu'il suppose je
ne sais quel effort qui n'est point dans la nature
de la pensée.

— On a dit, à tort ou à raison, du chef éloquent
d'une école contemporaine, que son caractère
n'avait pas été toujours à la hauteur de sa pensée :
que celle-ci avait beau monter, celui-là se gardait
de la suivre (1). Un mot mis pour un autre fait
toute l'erreur de ce jugement. La pensée ne peut

(1) Voir en particulier : *Revue des Deux-Mondes*, du
1ᵉʳ juillet 1877.

monter si l'âme entière ne monte pas avec elle, mais elle peut s'étendre à l'infini et embrasser de plus en plus d'objets, sans que l'âme élève le moins du monde son niveau. De combien d'hommes ne dit-on pas que leur pensée s'élève, quand il faudrait dire seulement qu'elle s'étend !

— On demande si tous les hommes pensent, et s'ils pensent toujours. Pour courte que soit la réponse elle dépassera la demande. Les hommes, sans repos et sans exception, pensent au bonheur, rêvent du bonheur, tendent au bonheur, et ls le veulent parfait. Ils pensent donc tous et, avec une conscience plus ou moins claire, ils pensent Dieu.

— Nous pouvons quelque chose sur la suite de nos pensées, presque rien sur la première. Celles-là s'enchaînent sous notre regard et quelque peu sous notre direction, celle-ci vient d'elle-même. On peut l'inviter, mais il faut l'attendre : on peut ouvrir la voie, mais c'est à elle d'y faire le premier pas.

— Un philosophe a dit de Dieu qu'il est *acte pur :* le même a dit qu'il est la *pensée de la pensée.* Ces deux énonciations se complètent et, au besoin, elles se suppléeraient : car la pensée de la pensée est l'activité à sa plus haute puissance, et l'acte pur où ne serait point la pensée parfaite ne s'entendrait pas.

— Où serait le temps, si l'éternité n'était point? Il est lui-même et il dépend d'elle, comme nos pensées sont à nous dans la lumière divine de la raison.

— On va répétant sans cesse que tel philosophe a copié tel autre; on oublie que la vérité est le bien de tous et que, dans les grands esprits, les mêmes pensées fortement conçues appellent des figures et des expressions presque identiques. Le germe est à celui qui le développe : pour qu'une pensée nous appartienne, il ne suffit pas que nous l'ayons ébauchée, il faut que nous l'ayons achevée.

— Plusieurs ont eu toutes les idées de leur temps, mais pas une pensée qui leur appartînt.

———

— Admirez chez tel et tel la puissance de l'in-térêt. Il les a fait, dans l'espace de quelques jours, penser autrement qu'ils ne pensaient.
— La puissance de l'intérêt ne mérite pas qu'on l'admire. Changer de pensée au gré de l'intérêt ce n'est point penser.

———

— Au fond, et malgré les apparences contraires, le présent tient peu de place dans notre vie.
Ce qui n'est plus, ce qui n'est pas encore, voilà
l'objet commun des pensées des hommes.

— Ce qu'on nomme courant d'idées n'est pas
moins courant de désirs, de sentiments, de passions. Les idées s'y mêlent pour donner une
couleur aux eaux, pour les troubler ou les purifier, mais elles n'influent que fort peu sur la
rapidité du courant.

———

— « La pensée a trois objets : l'homme, Dieu,
la nature ; trois éléments : l'élément primitif,
l'élément acquis, la parole. Elle a eu trois moments ou trois âges correspondant à ces trois
objets principaux : le troisième, l'âge présent est
celui des sciences de la nature. »
— Voilà qui est bientôt dit, bien symétrique et
bien tranchant. Me permettez-vous quelques
observations ?
— Toutes celles qu'il vous plaira.
— Pourquoi d'abord ce mot nouveau : élément
primitif? N'avons-nous pas déjà ceux d'innéité,
d'absoluité, de nativisme, sans parler des catégories et des concepts?

— Ce mot nouveau est très ancien. A l'avantage d'appartenir à la langue commune, il joint celui d'être simple et de ne point prêter aux malentendus. Il ne promet pas plus qu'il ne saurait tenir.

— N'est-ce pas bien peu de trois éléments essentiels ? J'en découvre, sans grand effort, au moins un quatrième : le pouvoir de penser très inégalement réparti, vous en conviendrez, entre les hommes.

— Je pourrais vous répondre que ce pouvoir ne se distingue pas de l'âme elle-même. Mais je vois d'ici s'avancer une à une vos objections fondées sur la distinction radicale que la plus simple observation découvre ; et que confirme une savante analyse, entre le pouvoir de penser et les autres facultés de l'âme humaine. J'admettrai donc, si vous y tenez, un quatrième élément, et comme une force de penser *(vis cogitandi)* qui, avec plus ou moins d'énergie et de sagacité natives, fait agir de concert les trois éléments dont, pour ma part, je me serais contenté.

— Je suis heureux de cette concession : elle rompt cette trop parfaite symétrie qui m'inquiétait. Me permettez-vous encore une demande ?

— Bien volontiers.

— Prétendriez-vous que tous les philosophes du premier âge aient étudié uniquement, exclusivement l'âme humaine, que ceux de l'âge suivant aient concentré sur Dieu, sa nature et ses attributs, l'effort de leurs méditations et de leurs pensées, que ceux de nos jours.....

— En vérité, me croyez-vous capable d'une pareille exagération? J'ai défini chaque âge par son principal objet : rien de plus, rien de moins. Les sciences de la nature, — qui l'ignore, — sont nées avec la science de l'âme humaine, bien que celle-ci les ait bientôt dépassées. A son tour l'âge des sciences de la nature, si fécond qu'il nous paraisse, s'il ne devait rien ajouter à la science de l'homme et à celle de Dieu, me semblerait d'une désolante stérilité.

— Voilà qui me réconcilie avec vos premières affirmations. Avouez qu'elles étaient trop concises et trop absolues.

— Il serait peu philosophique de vous refuser cette satisfaction.

———

— Se flatter d'être un penseur et ne point croire en Dieu, c'est se glorifier d'un titre de noblesse et le désavouer au même instant.

— Il est aussi impossible à la pensée humaine de nier Dieu que de le comprendre. Elle serait moins grande si elle n'entendait pas qu'il dépasse infiniment toute grandeur qu'elle peut concevoir.

— Nées dans le temps nos pensées se divisent, se succèdent, se rectifient, se complètent dans le temps et avec le secours du temps. Il n'y a pas plus de division et de progrès dans la pensée de Dieu que dans son Éternité.

— L'intervalle est à peine sensible de l'instant de notre naissance à celui de notre mort, si nous le mesurons par rapport à l'éternité. Seules la pensée et la vertu peuvent lui communiquer un peu de la durée qu'elles puisent à la source éternelle du Vrai et du Bien.

— C'est une chose merveilleuse de voir combien d'idées différentes peuvent loger et se mouvoir à l'aise dans un seul esprit. Mais ce qui n'est pas moins surprenant, c'est qu'une seule idée exprimée par un seul mot suffise, pendant vingt ou trente ans, à absorber l'attention d'un peuple, à le faire raisonner et déraisonner sans fin et sans qu'il la dépasse.

— L'histoire de la philosophie suffirait à établir la distinction des deux premiers éléments de la pensée, car l'un des deux, dans chaque philosophe et dans chaque école, a toujours tenu le premier rang, et ne pouvant tout prendre pour lui s'est fait du moins la part la plus large.

— Il n'est point d'eau si limpide courant sur
un lit de cailloux qu'un peu de vase montant à la
surface ne puisse, en un instant, troubler. Plus
rapidement encore du fond de notre nature cor-
rompue une idée fausse peut jaillir et troubler,
pour un court instant, la méditation la plus se-
reine, la pensée la plus pure.

— Penser seul, penser deux, penser dix, penser trois cents, penser mille ensemble n'est pas
du tout une même chose, ni suivie des mêmes
effets. On ne le voit si bien que dans les assemblées délibérantes où la passion grandit avec le
nombre de leurs membres, mais non la pensée
calme et maîtresse d'elle-même. Il est vrai qu'on
avait eu soin de lui faire d'abord sa place dans
des commissions et des comités moins nombreux.

— L'orateur, quand il improvise dans quelque
nécessité pressante, n'improvise que ce qu'il sait,
et cette improvisation, à y regarder de près,
roule dans son cours plus de sentiments que de
pensées, celles-ci inachevées pour la plupart.

———

— Il a des sentiments religieux.
— Je l'en félicite : c'est l'indice d'un bon naturel.

— Il a des idées religieuses.

— Rien de mieux, pourvu qu'il n'en change pas trop souvent.

— Il a des convictions religieuses.

— Cette fois c'est autre chose, et comme si l'on disait : il pense souvent à Dieu, il le prie, et la suite. Cette suite, en effet, dépend tout entière d'un même point de départ : la pensée de Dieu, Dieu présent à l'âme et à la pensée.

————

— Il n'est pas une seule des voies où s'engage notre pensée qui n'aboutisse à l'Infini. Si bien peu s'en doutent, c'est que bien peu vont jusqu'au terme de leur pensée.

— L'excès de lumière nous aveugle, le défaut nous empêche de bien voir. Il n'en faut ni trop ni trop peu pour entendre, et la première condition c'est qu'elle soit proportionnée à la capacité de notre esprit.

— La nature n'est pas moins belle aux premières heures du jour sous un voile transparent de vapeur légère. La pensée ne perd rien à grandir sous l'abri passager des illusions et des rêves qu'un peu plus de soleil fera bientôt évanouir.

— On peut diminuer de deux manières la pen-

sée qu'on a reçue, en en retranchant quelque
chose ou en y ajoutant du sien.

— Les plus ignorants ne nient point le soleil
parce qu'ils ne peuvent fixer sur lui leurs regards,
mais le dédain de la vérité est au-dessous de la
simple ignorance.

— On dit : le mouvement des idées, le courant
des idées, les idées du jour, les idées reçues, les
idées en faveur, les idées à la mode; on ne dit
rien de tel des pensées. Ce n'est pas dans ce tour-
billon qu'elles pourraient naître, et elles ne sont
plus des pensées quand tout le monde les pense.

— Qui n'est pas une personne ne saurait penser. On dit d'un peuple que telles idées le gou-
vernent, qu'il a pour le moment telles idées : il
n'est jamais question de ses pensées.

— « Je regrette de n'y avoir point pensé. » —
Traduisez, suivant les circonstances : je n'y ai
pas songé, — je ne l'ai pas su faire , — je ne l'ai
pas voulu.

— *Foire aux idées*, terme expressif d'une langue où l'image n'abdique jamais et, si vulgaire
qu'elle soit, grave du moins la pensée. C'est à la

foire qu'on trouve tout ce qui brille et retentit, comme dans certains esprits l'abondance des idées qui ont plus d'apparence que de fond. Elles s'y pressent, s'y croisent, s'y accumulent, mais aucune n'a pris le temps de grandir et la peine de se compléter. Il est vrai qu'à la foire on peut découvrir entre mille futilités quelque objet de prix. A meilleur compte encore, et pourvu qu'on ne manque pas l'occasion, on peut acheter à la foire aux idées quelques semences précieuses dont le vendeur ignore ce qu'elles valent.

— Comment voulez-vous que Glycon ait dit le contraire de ce qu'il pense, lui qui n'a jamais rien pensé.

— Rien ne s'oppose à ce que les coutumes, les rites, les cérémonies, les dogmes se transmettent d'une génération à l'autre durant de longs siècles sans la moindre altération. La pensée a plus rarement ce privilège; elle est trop personnelle, trop faite de tout ce que nous sommes, trop mêlée à notre vie, à notre cœur, à notre culture, à notre caractère. A peine écrite il faut qu'on l'interprète, et nul ne la pensera plus comme le premier l'a pensée.

— La critique est bien médiocre qui ne met pas

une pensée au service de la pensée d'autrui ou,
à défaut de la pensée, une délicatesse de goût,
une vivacité de sentiment. Rendez-nous l'original :
il nous en dira plus en vingt lignes que cette
froide critique en vingt pages.

— Ce quelque chose de lui-même et du plus
intime de son âme qu'un vrai penseur met dans
ses écrits, le critique inintelligent s'empresse de
l'en ôter, sous prétexte d'analyse et d'exactitude.
Triste service rendu à l'auteur qui ne se reconnaît plus, au lecteur qui ne connaîtra jamais
l'auteur !

— Je viens de lire dans trois journaux diffé-
rents trois appréciations d'un même livre. Si les
critiques ont lu l'ouvrage dont ils rendent compte,
j'en suis fâché pour leur intelligence ou pour leur
mémoire. S'ils ne l'ont pas lu, comment osent-ils
en parler ? Il reste qu'ils en aient feuilleté çà et
là quelques pages, comblant les intervalles avec
leurs propres pensées. D'où suit que nous avons
trois livres, ou plutôt trois canevas, dont pas un
ne ressemble à l'autre, et tous trois fort peu à
l'écrit original.

— On ne sait rien de l'âme et de la pensée
d'autrui, et l'on n'en peut rien dire, si l'on n'a une

âme et une pensée à soi. De là l'extrême différence
entre les critiques dont les uns ajoutent pour nous
lumière à lumière, jouissance à jouissance, dont
les autres multiplient les difficultés et épaississent
les ténèbres.

— Nous sommes dix qui avons sous les yeux
le même spectacle, le même sens de la vue pour
en jouir, le même télescope pour venir au secours
de notre vue. Et pourtant je n'oserais affirmer que
deux seulement d'entre nous voient aussi juste,
aussi loin, aussi clairement. Je ne parle même
pas de la disposition de l'âme, de la manière de
sentir, de celle de jouir et de tant d'autres diver-
sités. Qu'on nous établisse maintenant vis-à-vis
du monde intérieur avec nos observations pour
le connaître, avec nos pensées pour venir au secours de nos observations ; qu'on joigne à nos
pensées le secours des maîtres, celui des livres,
et l'on ne sera point surpris de quelques légères
différences dans les tableaux qu'on en présente.

— Vous ne convaincrez pas un homme qui n'a
point lu les Anciens et les connaît seulement par
ses préjugés, de la nécessité de les étudier, de
l'agrément et du profit que procure cette étude.
Il n'a pas dans son esprit les idées qu'il faudrait
pour vous entendre, car ces idées c'est surtout

dans l'antiquité qu'on les puise. Vous ne le ferez
penser comme vous ni par raisonnement, ni
par éloquence, parce qu'il n'a pas la même
culture que vous. Un grand bon sens, ou
plutôt une sorte d'intuition pourrait seule le
ranger à votre avis. Combien de fois ce prodige
arrive-t-il ?

— On dit souvent qu'il y a deux mondes, le
monde de l'esprit et le monde de la matière ;
joignons-y le monde des mots, surtout en faveur
des philosophes. Ils l'habitent volontiers et s'y
plaisent si parfaitement qu'il leur arrive parfois
d'oublier les deux autres. La preuve, c'est qu'au
sortir de leur commerce, on est souvent comme
un étranger au sein des réalités qu'on croyait le
mieux connaître. Et pourtant ce troisième monde,
si vague et si flottant qu'il soit, continue à se
maintenir par le mystérieux pouvoir de l'ordre
qui donne une suite aux idées, une suite aux
paroles, alors qu'idées et paroles ne traduisent
plus qu'imparfaitement la suite des choses.

— Notre esprit est si bien nous-même que
nous n'osons le louer ouvertement devant d'autres
esprits. Mais quelques-uns louent leurs qualités
physiques, leurs avantages extérieurs, et l'on se
contente de sourire.

— Une mauvaise santé, mille circonstances peuvent rendre la pensée plus laborieuse, mais on peut bien penser jusque sous le coup de la mort.

— Penser facilement et sans ennui dépend, pour une part, de la machine et des sens; penser juste dépend d'abord de l'esprit. C'est encore penser juste que de suspendre l'exercice de la pensée, quand on ne croit pas les circonstances favorables pour bien penser.

— Il est des pensées profondes par elles-mêmes, et d'autres qui le deviennent grâce au concours de quelques termes abstraits et fort obscurs. Tout le monde entend les premières; seuls les initiés se flattent de comprendre les secondes. J'incline à croire que les premières seules sont profondes.

— Voulez-vous, même après tant de démonstrations éloquentes, toucher du doigt, mesurer de l'œil le peu qu'est la gloire humaine, voyez-la, dans les dictionnaires biographiques, décroître, s'effacer, se fondre à chaque édition nouvelle. Tel dont les faits et les œuvres semblaient d'abord à l'étroit dans cinq ou six longues colonnes, trente ans plus tard tient à l'aise en dix lignes,

que trente ans plus tard la presse des grands
hommes lui disputera. Non moins rapidement
s'éteint la renommée d'un livre d'où la pensée est
absente. Nul n'en saurait le titre dans cent ans,
n'étaient les érudits et leur scrupuleuse curiosité.

— « Lui, le penseur, il n'a pu croire que.... »
— Cette belle apostrophe réveillant mon attention,
j'ai regardé de près et n'ai découvert dans ce
penseur ni le savoir qui fonde la pensée, ni la
ferme raison qui en éprouve les éléments, ni la
langue qui les coordonne, ni la force intérieure
qui les fait tenir ensemble et debout, en un mot,
rien de ce qui constitue la pensée. Et j'ai reconnu
que ces mots n'étaient que des mots.

— « Je n'obéis qu'à ma raison : n'ai-je pas assez,
pour me conduire, des lumières de ma raison? » —
Très bien, mais de quelle raison, je vous prie,
et comment cultivée, par quels livres, par quelles
relations de famille et de société? Est-il une raison si bien faite qu'elle puisse se passer du
secours de la raison d'autrui? Peut-on séparer,
un seul instant, de la raison divine la plus parfaite des raisons humaines ? La raison est en
nous, mais n'est pas à nous; nous ne saurions
de nous-mêmes ni l'allumer, ni l'éteindre, mais
nous avons le choix des aliments qui la nourris-

sent, qui en diminuent ou en augmentent l'éclat.
Plus ils sont divins, c'est-à-dire faits de vérité et
de beauté, plus brille en nous la lumière divine
de la raison.

— Les esprits, plus ils sont faibles, plus ils sont
exposés à être absorbés par une idée exclusive
qui ne souffre point de partage. Ils en peuvent
changer, mais ce qui ne change pas c'est la
tyrannie de l'idée qui domine.

— Si quelque chose peut faire oublier dans un
homme ou rendre supportable la bizarrerie de
ses idées, c'est la bonté de son cœur. Cette com-
pensation, grâce à Dieu, n'est pas sans exemples.

— Informez-vous d'abord si votre nouveau col-
lègue a l'esprit juste, la parole franche, le caractère conciliant : vous demanderez plus tard ce
qu'il pense.

— Je ne connaissais ni le livre, ni l'auteur. En
même temps que les idées du premier pénètrent
dans mon esprit, je me fais du second une idée
qui se modifie et s'étend à chaque page. Si précises que soient les premières, si imparfaite que
soit la seconde, il se peut qu'elle leur survive
dans ma mémoire.

— Voyez Ariste cheminer à pas lents, d'un air
grave et digne, à travers les rues de la ville et
sur la promenade publique. Il paraît absorbé
dans une méditation profonde, et il lui reste de
sens extérieur juste ce qu'il en faut pour se conduire. A quoi pense-t-il? A la guerre présente et
à ses tristes débuts? Aux difficultés intérieures?
elles ne sont pas médiocres. A la conférence qu'il
entendit hier et qui l'a charmé? Aux nouvelles
théories scientifiques dont il suit le développe-
ment avec un vif intérêt?..... Ariste ne pense à
rien.

« — Qui l'eût cru, dit Philinte, que Polémon
fût capable d'une telle bassesse? Qui l'eût pu seulement penser? » Et il retourne à ses occupations
ordinaires, aussi confiant que par le passé dans
l'honneur et la vertu de ses semblables, aussi
mal protégé contre l'égoïsme ou la méchanceté
d'autrui. Toute sa vie il répétera à chaque injure,
à chaque injustice: « En vérité qui l'eût cru? Qui
l'eût pu seulement penser? »

— On dit : la vérité est le bien de l'intelligence ;
on dirait mieux qu'elle est celui de l'âme entière.
On dit encore, de telle faculté, qu'elle a telle fonction spéciale dévolue à elle seule; on devrait

ajouter : à condition que les autres facultés y
concourent. La moindre pensée digne de ce nom
les tient toutes en éveil et à ses ordres.

— Ne point céder à la pensée qui nous obsède
c'est tout à la fois vouloir et penser. C'est réser-
ver les droits d'une pensée qui se forme contre
une pensée formée qui voudrait l'exclure.

— Avant d'atteindre à la vraie pensée d'un
homme, pensée que souvent il ne s'avoue pas,
que de surfaces à traverser! Combien d'écorces
à enlever l'une après l'autre pour parvenir jusqu'à
la moelle, ou pour constater qu'elle n'existe pas!

CHAPITRE II.

De l'histoire de la Pensée.

— Rien de plus étroitement uni que la philosophie et son histoire. La première pensée du premier philosophe a servi de point de départ à la
seconde, les deux premières à la troisième : la
chaîne en s'étendant ne s'est jamais rompue. Une
vaste pensée est celle qui contient une multitude
de pensées nées avant elle, et dont le souvenir
plus il est présent plus il lui communique de
force. Parcourez l'histoire : elle vous montrera
les philosophes naissant des philosophes, les
écoles des écoles, par filiation ou par opposition,
pour se continuer ou pour se combattre, toute
pensée nouvelle confirmant ou contredisant quelque pensée qui l'a précédée. Vainement, par un
effort impossible, on aurait oublié les théories de

ses prédécesseurs, leurs livres et jusqu'à leurs noms, on ne peut se séparer de soi-même et de ses souvenirs. L'histoire de la pensée s'impose au penseur ; s'il se refuse à remonter le cours des âges il ne saurait éviter de remonter celui de ses propres pensées. La pensée ne germe que dans la pensée, et la philosophie ne se sépare pas de son histoire.

— Gardez-vous de chercher lequel est plus vrai, lequel est seul authentique du Socrate de Xénophon ou du Socrate de Platon. Prenez-les tous deux comme on vous les montre ; joignez-y un troisième Socrate profondément religieux, enthousiaste et mystique à ses heures, dans le meilleur sens de ces deux mots : Platon et Xénophon ne vous démentiront pas. Bon Sens, Dialectique, Intuition : voilà les trois aspects de cette sagesse parfaitement une, voilà les trois voies désormais ouvertes à la philosophie, et ces trois voies conduisent au même but. Les érudits séparent, divisent, distinguent : ils ont droit de le faire, pourvu qu'arrivés au terme ils reconstituent l'unité brisée. Celle de Socrate, dans la diversité de ses éléments, est une des plus complètes que l'histoire nous découvre. Son âme réunit, à un degré éminent, trois puissances qui semblent s'opposer, et dont une seule domine d'ordinaire dans les âmes les mieux partagées. Les savants cherchent comment cela se peut faire : le genre humain croit que cela est possible et que cela s'est fait. Pour lui Socrate est comme un résumé de la Sagesse qui est à la fois Bon Sens, Philosophie, Religion.

— On a souvent analysé, on étudie encore les causes de l'influence exercée par Platon et par Aristote sur la marche de l'esprit humain, durant une longue suite de siècles et jusqu'à l'époque présente. On est dans le vrai, quand on place en première ligne leur vaste savoir, leur merveilleuse intelligence. Il convient toutefois d'ajouter qu'ils sont venus au moment favorable, qu'ils ont eu assez de prédécesseurs pour éveiller leur génie, pas assez pour l'étouffer. L'histoire les a servis autant qu'elle nous perd. Nous consumons à l'étudier le meilleur de nos forces. Les uns s'y enferment et n'en sortent plus ; les autres, sous prétexte d'y chercher des lumières, y reviennent si souvent qu'ils perdent le goût de la lumière intérieure. Enfin quelques-uns la sachant trop bien n'ont qu'un souci, celui de ne la point répéter : ils renoncent à penser de peur qu'on ne les accuse de penser d'après autrui.

— La première pensée vraie a été, dans l'esprit

du premier philosophe, le premier point de vue de l'ordre que la dernière achèvera d'embrasser tel qu'il est, tout entier, si la pensée de l'homme est capable d'un tel effort.

———

— Est-ce assez, croyez-vous, de trois moments dans l'histoire de la pensée (1), et l'embrassent-ils tout entière depuis ses origines jusqu'à nos jours? Il me semble découvrir au moins une lacune.

— Laquelle, je vous prie ?

— Avez-vous seulement nommé le peuple juif ? Quelle place faites-vous à ses prophètes, à ses sages, à ses poètes, à ses historiens ? Quelle place faites-vous à la Bible, le Livre par excellence ?

— Dites mieux : au livre inspiré, au livre saint. Ce titre seul ne permet point qu'on le confonde avec les œuvres de la pensée purement humaine : il est trop au-dessus d'elle, bien qu'il ait exercé sur elle une influence qui date du christianisme et ne finira qu'avec lui. Auparavant l'action des livres saints était renfermée dans les plus étroites limites. Depuis la prédication des apôtres elle est devenue rapide, profonde, universelle ; elle ne connaît plus de frontières. Est-ce lui faire tort que de la confondre, pour ainsi dire, avec l'action

———

(1) Voir, premier volume : les *Trois moments de la Pensée.*

du christianisme, et d'unir, dans la seconde période, les deux Testaments : le Nouveau qui a imprimé à la pensée humaine une irrésistible impulsion, l'Ancien sur lequel le Nouveau ne cesse de s'appuyer ?

— J'y réfléchirai, mais il me semble, à première vue, que votre explication n'est pas sans valeur. Je réserve toutefois les rapports de votre Platon et de quelques anciens Sages avec le peuple hébreu.

— Convenez que l'âge socratique n'y perdrait rien, et que sa gloire n'en serait pas diminuée.

———

— Je rends grâce aux critiques pénétrants, aux brillants écrivains qui nous ont si bien fait connaître Platon, et n'ont pas permis qu'il restât dans ses ouvrages la moindre obscurité, entre ses pensées la plus légère contradiction. Mais Platon leur doit bien aussi quelque reconnaissance de l'avoir si parfaitement concilié avec lui-même et tout disposé chez lui dans un si bel ordre.

— L'esprit humain est plus grand que l'esprit des plus grands hommes. Le Socrate qu'il se représente est supérieur au Socrate réel dont il n'a pas d'ailleurs une exacte connaissance. Si grand que soit Platon, le Platon qu'il admire n'a plus aucun des défauts de Platon, ni contradictions, ni subtilités, ni fragiles utopies. La Grèce a beau rêver d'idéal, le rêve de l'esprit humain est encore plus beau ; il grandit jusqu'au philosophe dont le nom est synonyme d'idéal, d'amour pur de la pure beauté.

— On a dit souvent : les grandes pensées germent dans la solitude. Oui, mais à condition qu'on y porte une âme déjà cultivée par la pensée d'autrui. Les Pères de l'Église qui ont exercé une influence décisive sur leur siècle et sur quatorze siècles qui l'ont suivi, avaient longtemps étudié dans les écoles les plus fameuses, Alexandrie, Athènes, Antioche, avant de se recueillir dans la solitude. Mais aussi rien n'a résisté à cette force de la pensée des siècles portant et nourrissant, comme un sol fertile, la pensée d'un grand esprit, à la méditation vivifiant, dans une retraite toute pleine de Dieu, les enseignements de l'Écriture-Sainte et ceux des philosophes.

— Aristote, ou l'un de ses disciples, résumant sur ce point la pensée du monde ancien a dit qu'il est impossible à l'homme d'aimer Dieu. Le christianisme au contraire : tout en lui, mystères, dogmes, sacrements, préceptes, conseils, humilité, charité, tout procède de l'amour de Dieu pour l'homme, appelle et enflamme l'amour de l'homme pour Dieu. Si le christianisme continue la philosophie ancienne, assurément ce n'est pas en ce point, et ce point c'est tout.

— Tous les chrétiens n'ont pas une mère comme sainte Monique, ni une sœur comme celle de saint Basile ; et toutefois, depuis l'ère chrétienne, que de philosophes, de poètes, d'orateurs chez qui la pensée, l'éloquence, la science du cœur humain dévoilent le contact d'un cœur plus pur, d'une pensée plus délicate, une culture enfin que les hommes ne donnent ni si douce, ni si profonde !

— Quel philosophe ne souhaiterait qu'un plus grand que lui complétât son œuvre inachevée? Aristote et Platon ont eu ce rare bonheur : c'est au christianisme qu'ils le doivent.

— Ce n'est pas seulement sur lui-même que le christianisme exerce son pouvoir de purifier et de maintenir, c'est sur les philosophies qui ont précédé sa naissance. Platon lui doit beaucoup, Aristote davantage : c'est surtout par lui qu'ils enseignent encore l'un et l'autre après tant de siècles. Tandis que les philosophes grecs d'Alexandrie,

les médecins juifs et arabes, les érudits de la
Renaissance, altéraient à l'envi la doctrine de ces
deux grands hommes, il a pris soin, sans en
changer les grandes lignes et les traits essentiels,
de la rendre plus conforme à la vérité.

— On chercherait vainement, avant l'ère chrétienne, les traces d'une action sérieuse et constante exercée par les femmes sur la marche de la
pensée : depuis c'est autre chose. Le prêtre ne
grave pas avant elles le nom de Dieu dans la mémoire de l'enfant ; elles en éveillent l'idée, elles
en inspirent l'amour. Comme elles lui doivent
tout ce qu'elles sont dans la société chrétienne,
elles lui rendent tout ce qu'elles peuvent. Il fallait que chaque philosophe de l'antiquité retrou-
vât par lui-même, dans son âge mûr, la notion
plus ou moins exacte du Dieu inconnu. Aujour-
d'hui les mères ont pris pour elles ce soin de la
transmettre d'abord à leurs fils par une tradition
qui ne s'interrompt jamais. Dieu personnel, vivant,
créateur du monde que sa Providence conserve :
voilà, depuis le christianisme, la pensée qui domine toutes les pensées et les juge. Elle n'a pas
de plus fidèles gardiens que nos mères, et elle
durera tant que durera l'amour maternel agrandi
par l'amour divin.

— Si Montaigne et Charron n'avaient pas été

les prédécesseurs immédiats de Descartes, il est
peu probable que celui-ci eût installé le doute au
seuil de sa philosophie. Il n'a que faire en ce lieu,
et c'est une garde étrange à la porte d'un dogma-
tisme aussi absolu. Les esprits les plus libres
font à l'esprit de leur temps des concessions qu'ils
ne s'avouent pas. Tel croit que son œuvre lui appartient tout entière qui l'a composée avec ses
souvenirs unis à ses propres pensées. Ces combinaisons valent, il est vrai, ce que vaut l'esprit qui
combine. A ce titre, celles de Descartes lui appartiennent et n'appartiennent qu'à lui.

— L'ironie de Socrate, quand elle s'attaque aux
faiblesses et aux contradictions de la nature humaine, est tempérée par le sens délicat de la
mesure, par l'amour du beau, par la nécessité de
ménager la raison, dernier refuge avant le christianisme. Chez Pascal qui ne craint pas de la
pousser à bout, sûr qu'il est de se sauver dans la
foi, l'ironie est du moins relevée par l'éloquence,
adoucie par la charité ; plus tard elle ne l'est plus
par rien. Elle se moque, elle persifle, elle insulte,
elle prend plaisir à nous ravaler, à étaler une à
une, et sans pitié, les misères de l'homme dont
l'ironie socratique ménage la grandeur native,
dans lequel Pascal nous fait admirer et plaindre
une grandeur déchue.

— Jusqu'où peut aller la richesse de la pensée, demandez la réponse à saint Augustin ; s'il s'agit de sa vigueur, adressez-vous à Descartes. L'un se répand, l'autre se concentre : dans l'un les germes de toutes les théories, dans l'autre une théorie constituée et fermée. Nul n'a poussé plus loin que saint Augustin la recherche ardente et curieuse du vrai : nul n'a désiré plus vivement que Descartes ramener toutes les vérités à un petit nombre, et ce petit nombre à un point de départ unique. La puissance de penser est à un haut degré dans chacun d'eux, mais le premier pense librement, largement, le second en vue d'un système et pour le confirmer. L'un est demeuré jusqu'à la fin maître de sa pensée, l'autre s'est asservi à la sienne. Descartes a eu des disciples, une école que sa pensée a fait vivre un peu plus ou un peu moins d'un siècle ; la pensée de saint Augustin, depuis quinze siècles qu'on y puise, n'est pas encore épuisée.

— S'il est une manière de penser moins serrée peut-être et moins concentrée que celle des philosophes de profession, mais aussi moins étroite, moins subordonnée aux exigences d'un système, une manière de penser large et forte, à laquelle l'enchaînement des causes est toujours présent dans leur principe, qui voit tout en Dieu, explique tout par sa Providence et par la nature de l'âme humaine, qui unit aux vues les plus hautes les observations les plus exactes, à l'éloquence la plus sublime le langage le plus simple, qui répond à toutes les questions de son siècle et devance celles de l'avenir, c'est la manière de penser propre à Bossuet. Qu'il annonce aux simples fidèles les vérités de l'Évangile; qu'il écrive pour eux dans le calme de la solitude ses méditations et ses élévations ; qu'il prononce, devant les auditoires les plus pieux et les plus illustres, le panégyrique d'un saint ou l'oraison funèbre d'un grand de la terre ; qu'il expose ou qu'il discute, qu'il fasse œuvre de critique, de polémiste ou d'historien, Bossuet nourrit tout ce qu'il dit, tout ce qu'il écrit de pensées solides et profondes. J'oserais affirmer que le penseur domine en lui l'orateur, s'il ne valait mieux prononcer que son éloquence doit à la pensée tout ce qu'elle a de force, tout ce que, de nos jours encore, elle opère de bien et répand de lumières.

— Le dix-septième siècle est plus riche en penseurs et en pensées que le dix-huitième. Celui-ci ne l'a point voulu croire et, parce qu'il avait mis en mouvement beaucoup d'idées, il a publié partout qu'il avait inauguré le règne de la pensée.

— Les hommes pensaient depuis de longs siècles, et depuis plus de deux mille ans ils étu-
diaient avec soin, et non sans succès, les lois de
la pensée, quand deux philosophes vinrent, à
cent ans de distance, proclamer que tout ce travail était en pure perte et qu'ils l'avaient refait,
cette fois, avec un plein succès. Ils demandaient
qu'on voulût bien les en croire eux et leurs amis.
Au lieu de choisir entre Locke et Kant, ce qui
n'était point aisé, ou de les concilier, ce qui
n'était point possible, la philosophie *(philosophia
perennis)* se contenta d'emprunter à l'un des
réflexions et des observations utiles, à l'autre
des analyses dont elle retrancha l'excès. Elle se
propose d'agir de même chaque fois que renaîtra
cette prétention étrange, après trois mille ans
d'études, de révéler l'entendement à lui-même et
d'enseigner enfin aux hommes la vraie philosophie dont ils ne savaient pas le premier mot.

— J'ai entendu louer Kant, comme si la morale
commençait à lui, et qu'il en fût l'auteur. J'ai lu
des livres où on l'invoquait, où on l'encensait à
chaque page, et j'ai compris pour la première fois
qu'on ait pu prendre en horreur, tout au moins
en aversion profonde, Aristote et sa doctrine.

— A double face comme sa doctrine la renom-

mée de Kant ne cessera pas d'être tour à tour
bonne ou mauvaise, suivant qu'on envisagera les
philosophies dont il a ruiné le crédit ou celles
dont il a provoqué la naissance. La raison n'a
point perdu l'unité qu'il avait tenté de lui ravir,
mais celle-ci manque à son œuvre et, avec elle,
la vraie et durable grandeur.

— Quelle éloquence était celle de Victor Cousin ?
Il est difficile de la bien définir. — Venait-elle du
cœur ? On ne l'a jamais dit. — De la profondeur des convictions ? Les convictions profondes ne sont pas si mobiles. — D'une pensée vigoureuse ? C'est beaucoup lui accorder. — D'une
vive et brillante imagination ? Plusieurs inclinent
à le croire. — Peut-être tous ces éléments, mais
surtout le dernier ont contribué, chacun pour
leur part, à la former, comme toutes les doctrines
du monde ont contribué à former sa philosophie.
Plus d'égalité toutefois et plus d'unité dans le
bien dire et dans l'éloquence que dans la doctrine.

— Jamais philosophie n'a poussé plus de racines et plus à la surface que celle de Victor Cousin.
Elles allaient de çà et de là, s'allongeant, se croi-
sant, se multipliant, cédant à la tentation de tous
les sols et de tous les soleils. Les mêmes sucs

nourriciers n'accommodaient pas longtemps leur
délicatesse ; il leur en fallait toujours de nouveaux, et elles dépensaient à les chercher au loin
et au large des forces qui leur manquaient ensuite
pour s'enfoncer dans la terre, et y renouveler
leur sève épuisée. De ce travail où le hasard et
les circonstances avaient plus de part que la méthode, naquirent des plantes qui n'étaient pas sans
grâce, des fleurs qui n'étaient pas sans parfum.
Par malheur de grandes sécheresses étant surve-
nues, plantes et fleurs, à part un petit nombre,
se flétrirent comme en un instant.

— Ennemis de la vérité, non moins ennemis de
la langue et de ses traditions ceux qui ont inventé
depuis peu ces longs et durs mots : *panthéisme
idéalistique, — panthéisme réalistique, — panthéisme émanistique.* Ne pouvaient-ils, sans dé-
chirer nos oreilles, se borner, comme ils le fai-
saient depuis longtemps, à torturer la raison ?

— Au fond des sociétés secrètes et de leurs
mystérieuses doctrines, dans tous les siècles et
dans tous les pays, si vous cherchez bien, vous
découvrirez toujours le panthéisme ou quelque
chose qui en approche. Cette obscurité l'attire,
elle est faite pour lui : ces ténèbres où nul discernement n'est possible, sont bien le milieu qui

convient à la doctrine de l'éternelle et universelle confusion.

— La fortune du panthéisme lui vient, pour la meilleure part, du nom de Dieu qu'il ne cesse de répéter, alors même qu'il ne l'invoque point. Tantôt il le concentre en lui-même, et concentre en lui tout ce qui est ; tantôt il le répand dans la nature entière dont la vie devient sa vie, et la beauté sa beauté. Ceux qu'il ne domine point par les trompeuses apparences d'une inflexible logique, il les séduit par l'illusion de ses rêves et d'une vague religiosité.

— *De la mode en philosophie, mais spéciale-ment en France, au dix-neuvième siècle :* titre d'une thèse qu'aucune Faculté ne recevrait aujourd'hui, mais qu'on écrira dans cent ans, au grand profit du public et des philosophes.

— A vingt-deux ans Lemovic sortait d'une École célèbre : ses maîtres lui avaient prédit, et il croyait à leur parole, un brillant avenir. Il aimait avec passion la philosophie qu'il devait enseigner, les Lettres qu'il ne séparait point de la philosophie. Charmés par son érudition discrète, par sa sincérité et son éloquence, ses premiers élèves devinrent en peu de temps ses amis et ses disci-

ples. A vingt-cinq ans un mal héréditaire lui faisait sentir ses premières atteintes : à trente ans
il était maître de la place, et ni science, ni art, ni
longueur de temps, ni remèdes héroïques ne devaient réussir à l'en chasser. Depuis lors Lemovic
n'a cessé de languir et de lutter, de perdre ses
forces et de les reprendre, de retrouver avec bonheur ses élèves, son enseignement, et de les
quitter avec des regrets infinis.

Repoussé de la chaire à l'âge où l'on y prend
possession de soi-même et de sa pensée, il a
voulu du moins fixer dans un livre la doctrine
que sa parole ne pouvait plus répandre. Dix fois
la plume est tombée, pour des mois entiers, de
ses mains défaillantes : dix fois il l'a reprise avec
un indomptable courage. Le séjour de Paris lui
était précieux, ses bibliothèques publiques
étaient d'un grand secours à ses travaux : l'impi-
toyable mal a commandé qu'il sortît de la capi-
tale, pour s'établir au centre de la France, dans
une très petite ville et très pauvre en tout genre
de ressources. C'est là qu'il habite à l'heure présente, écrivant des livres que l'Institut couronne
et que le monde ne connaît pas. Qu'importe au
monde la Métaphysique, et si tel ou tel la cultive
avec succès, dans un intérêt général qu'il ne
soupçonne point !

Pour tant d'espérances déçues, pour remplacer

les charges auxquelles il a de lui-même renoncé,
les honneurs qui lui viendront tard, si jamais ils
lui viennent, vous demandez ce qui reste à
Lemovic, et où il puise ce calme et cette paix
qu'on admire. Il lui reste cette Métaphysique dont
les hauts sommets sont devenus le séjour habituel
de son esprit, dont la pure lumière nourrit sa
pensée ; il lui reste par-dessus tout cette souffrance dont il a sondé le mystère, dont il sait le
prix, et que peut-être il n'échangerait pas contre
les illusions de ses vingt-deux ans, et la brillante
carrière qu'on lui avait promise.

— Si le système d'un philosophe fait valoir ses
pensées par l'ordre rigoureux qu'il leur communique, à leur tour les pensées font valoir le système et lui survivront.

— Qui dit système dit pensée unique, souvent
exclusive, toujours dominante, pensées secondaires enchaînées à cette pensée maîtresse, désir
d'embrasser tout entier et de copier fidèlement
l'ordre universel, impuissance d'y parvenir.

— Une philosophie largement ouverte et parfaitement ordonnée ne réclame pas moins de
vigueur d'esprit qu'une philosophie où tout est

réduit en système, mais elle suppose plus de
liberté, une possession plus complète de soi-
même et de sa pensée.

———

— *Premier philosophe.* — Si c'est à mon école
que vous désirez entrer, sachez que mon principe
est celui-ci : tout est force dans l'univers, et vous-
même, mon futur disciple, vous êtes une force :
rien de moins, rien de plus.

— Je n'ai garde d'y contredire : et pourtant ne
suis-je que cela ?

— *Deuxième philosophe,* — Il se trompe, mon
jeune ami, croyez-bien qu'il se trompe. Comment
serait il une force, lui qui est tout au plus ce que
nous sommes tous, une collection de phénomènes !

— C'est bien peu, et il me semble, à première
vue, que je suis davantage.

— *Troisième philosophe.* — Vous êtes, en effet,
mieux qu'une force, mieux qu'une collection de
phénomènes, vous êtes, croyez-le bien, une substance dont toute la nature est de penser. C'est là
votre vrai, votre unique caractère.

— Si beau, si noble que soit celui-là, j'aimerais
à en posséder d'autres, et, de fait, il me semble
que je les possède.

— *Quatrième philosophe.* — La vérité vraie, la voici : vous n'êtes pas seulement une substance pensante, vous créez les choses que vous pensez, et tout leur être leur vient de ce que vous les pensez.

— Nous y reviendrons si vous le permettez; je ne me soupçonnais pas une telle puissance, et la chose, au premier abord, n'est pas des plus claires.

— *Cinquième philosophe.* — Je n'en suis point surpris : ce qu'il vous dit là est tout le contraire de la vérité. Il n'y a, dans le monde, que des corps, et, dans certains corps moins imparfaits, mieux organisés, des sens pour mesurer, évaluer, apprécier les mouvements et les transformations des corps. Tout est là : suivez-moi.

— *Sixième philosophe.* — Peut-être auriez-vous grand tort, jeune homme ; car que savons-nous, et que savent-ils ? Vous avez entendu leurs contradictions. Venez à mon école : je vous enseignerai à douter de tout.

— Pas n'est besoin de vos leçons, mon maître : il suffirait de les écouter quelques jours pour ne plus croire à rien. Je les entendrai quand ils seront moins exclusifs, quand ils voudront bien entendre la voix intérieure et se mettre d'accord avec le bon sens. Sinon, non.

4

— Les grands hommes, surtout les philosophes, devraient conjurer leurs amis, enjoindre à
leurs disciples de ne les point louer avec excès.
Rien n'est funeste à ceux qui méritent d'être ad-
mirés comme l'abus de l'admiration. Leur gloire
en peut souffrir au point de faire place, pour un
temps, au dédain et à l'oubli.

— Les plus audacieux révolutionnaires n'ont
pas réussi jusqu'à ce jour à changer les lois essen-
tielles des sociétés; de prétendus philosophes ne
parviendront pas davantage à renverser les lois
de la logique et de la pensée.

— Le moindre inconvénient auquel s'exposent
ceux qui, dans l'ordre philosophique, négligent le
passé et n'en tiennent aucun compte, c'est de le
répéter faiblement.

— Les révolutions sont, dans la vie des peuples, des crises plus ou moins violentes dans
lesquelles l'intérêt et la passion tiennent toujours
une place considérable : rien de tel dans l'histoire de la pensée. On n'y connaît point les surprises, les coups de force et d'audace, les solu-
tions de continuité soudaines et irréparables.
Quand on brise avec le passé c'est surtout en
paroles, par âpreté d'humeur et de langage,

jamais pour longtemps. On prendrait pour un
sot ou pour un fou celui qui se flatterait de
changer les lois de la pensée ; il n'est guère plus
sage de croire qu'elles ont été, pendant tant de
siècles, absolument stériles. Les grands philoso-
sophes ne l'ignorent pas et ils agissent en consé-
quence.

— Pour bien comprendre la doctrine d'un philosophe, il faut l'étudier dans son rapport avec la
vérité dont il se dit l'interprète, avec son temps
dont il subit, bon gré mal gré, l'influence, avec ses
prédécesseurs qu'il continue alors même qu'il les
combat, avec l'avenir que, pour sa petite ou sa
grande part, il contribue à faire ce qu'il sera. Gar-
dons-nous d'oublier sa manière de dire et d'écrire,
si nous voulons mesurer exactement la force et
l'étendue de son esprit, discerner le son que ren-
dait son âme.

— Si l'on entend par révolution quelque chose
de rare, d'audacieux, d'inattendu, qui suppose
un grand courage et comme une sorte de violence
faite à soi-même et à une routine invétérée, il en
est une à laquelle tout philosophe digne de ce
nom doit se résoudre un jour, si paisible que soit
son humeur. Qu'il brise donc, qu'il rompe avec
ses plus chers souvenirs d'école et d'études ;

qu'il ferme ses livres sans les proscrire ; qu'il oublie, sans les mépriser, jusqu'aux titres et jusqu'aux auteurs de tant d'œuvres excellentes ; que ce passé, ce passé qu'il honore, soit pour lui comme s'il n'était pas, et l'opinion du jour comme un pur néant. Qu'il descende dans son âme et s'y établisse ; qu'il assiste à sa vie, à ses affections, à sa liberté, à sa pensée, pour savoir si ce qu'on en dit est bien ce qui est; qu'il écoute, silencieux et recueilli, la voix intérieure; qu'il s'abîme, sans s'y perdre, dans la contemplation de l'Infini..... il aura consommé la révolution la plus hardie et la plus utile. A vrai dire il n'en est point d'autre en philosophie, et sans celle-là il n'est point de philosophe.

— On voudrait que les défenseurs de la vérité fussent toujours d'accord non seulement sur les grandes questions, mais encore sur les points secondaires, qu'il n'existât et qu'il ne parût entre eux aucune division. Autrement dit, on demande qu'ils aient même nature, même caractère, même degré de science et de culture, enfin que tant d'esprits divers n'en fassent qu'un, et que cet esprit unique embrasse toute la vérité.

— C'est un spectacle instructif de voir les philosophes changer, à des intervalles toujours plus rapprochés, le mot décisif, celui qui explique tous les mots et tout ce qui est. *Matière, nombre, être, idée, atome, acte, pensée, monade, sensation, force, amour, absolu, association, phénomène,* qui de vous n'a pas été ce premier mot, ce mot du mystère, et qui de vous l'est encore ? Lequel de vos successeurs qui l'est aujourd'hui est sûr de l'être demain ? Recherche étrange que celle de ce dernier mot par une raison qui n'a pas le dernier mot d'elle-même ! Vain espoir que celui de le découvrir et surtout de le comprendre, pour qui n'a pas en soi la raison dernière de son être et n'est pas le principe, la cause efficiente de tout ce qui est ! Laissons-les toutefois se distraire à cette recherche. Qu'ils en changent donc plus souvent encore qu'ils n'ont fait, si ce changement peut les consoler de ne point trouver tout ce qu'ils cherchent, et de ne point comprendre tout ce qu'ils trouvent.

— C'est surtout à la fin, et à leur étroitesse croissante, qu'on reconnaît les opinions peu à peu détournées du grand courant de la pensée humaine. L'erreur que plusieurs avaient commise de les prendre pour le fleuve lui-même, le temps s'est chargé de la détruire. Il a fait voir qu'elles n'ont pour elles ni la source, ni la pente, ni la profondeur.

— On dirait des plus grands philosophes, des vrais maîtres de la pensée, comme d'un seul et immortel Génie qui reprenant, à de longs intervalles, son œuvre ébauchée, viendrait ici-bas la pousser un peu plus avant, pour se replonger, après quelques années d'un travail glorieux, dans de profondes et séculaires méditations.

— Des enfants ne diraient pas mieux qu'eux et avec une plus naïve présomption : « Nous sommes bien plus habiles que nos prédécesseurs; nous avons découvert du premier coup ce qu'ils cherchaient en vain depuis tant de siècles : écoutez plutôt. » Et les voilà de nous redire, en la décorant de quelques termes bien rares, bien abstraits, bien obscurs, une théorie aussi vieille que la philosophie elle-même. Toutes y passeront, je dis les plus usées et les plus démodées : on les reprendra pour les montrer, tour à tour, une à une, avec la seule précaution de les habiller à neuf. On a raison d'affirmer que rien ne change ici-bas, ni les hommes, ni les enfants, ni les philosophes.

— Tout devient question, même ce qui n'a jamais fait question, pour de prétendus philosophes. Ils réussiraient à rendre obscures les choses les plus claires, si le bon sens ne faisait fort heureusement partie de la philosophie.

— Se moquer de la philosophie, ingratitude et déraison ; se moquer des prétentions de quelques philosophes, utile philosophie.

— Même loi du petit nombre pour tout ce qui est grand plus il est grand, éloquence, poésie, pensée, charité. Beaucoup d'hommes honnêtes, peu de sages ; beaucoup de vrais chétiens, peu de saints ; beaucoup de philosophes très dignes de ce nom, cinq ou six maîtres de la pensée.

— « *O fons Blandusiæ candidior vitro, dulci digne mero......* » Qui se récite ces vers à lui-même ? — Un érudit dans son cabinet de travail ? Un ami de la nature au fond de ses bois, au milieu de ses jardins ? — Non, mais un missionnaire (1) près d'une source abondante et pure qu'il a découverte, après la marche la plus pénible à travers les montagnes qui séparent la Birmanie de la Chine. C'est la première fois que ces lieux sauvages voyaient un Européen ; c'est la première fois qu'ils retentissaient de l'action de grâces chrétienne suivie bientôt des accents de la poésie. Où pénètre un de nos apôtres on peut

(1) De Birmanie au Yun-nan : lettre de l'abbé Simon. Voir : *Les Missions catholiques*, recueil hebdomadaire, année 1884, page 572 ; Lyon, rue d'Auvergne.

dire que le monde moderne entre à sa suite tout entier, les Lettres avec l'Évangile, la civilisation avec la foi, ce que l'antiquité a de plus exquis, ce que le christianisme a de plus saint.

— Pléïades de poètes, Écoles de philosophes ou de théologiens, Cycles, Cénacles, groupes de tous les noms se succèdent et s'enchaînent dans les trois moments de la pensée, chacun d'eux faisant luire sur le monde, avec plus ou moins de force et d'éclat, un rayon de l'éternelle vérité et de l'éternelle beauté. Dans les mieux inspirés, dans les plus justement célèbres, l'union de ces deux caractères est si intime qu'on a peine à les distinguer l'un de l'autre, et l'on ne saurait dire si c'est la vérité qui est plus belle, ou si c'est la beauté qui est plus vraie. Où l'harmonie est moins parfaite, la beauté s'altère à mesure que la vérité s'éloigne ou se retire. Ce qui en reste à la fin n'est plus que l'ombre d'elle-même et comme la pâle et décroissante lumière qui demeure après que le soleil est descendu sous l'horizon.

CHAPITRE III.

L'homme : l'âme humaine.

— La science de nous-même commence géné-
ralement par celle du prochain, et souvent elle
s'en tient là. Cette vive pénétration qui démêle
chez autrui d'imperceptibles nuances, et jusqu'aux plus légers défauts, est sujette à d'incu-
rables langueurs quand il s'agit de nous analyser
nous-même. On n'a pas assez de force pour descendre en soi ; on en a toujours de reste pour
pénétrer chez les autres. La science de l'âme
serait encore dans l'enfance si elle n'était que la
science de notre âme.

— Le bon sens accorde qu'on dise : *l'homme
est une ombre, la vie est un rêve,* mais il n'admet

pas qu'on ajoute : *l'homme est une apparence,
c'est une collection de phénomènes.* Il est trop
pénétrant pour ne pas distinguer une métaphore
d'une erreur, et ce qui est intelligible de ce que
nul ne saurait entendre.

— L'amour de diviser, de créer des facultés
spéciales est si grand chez certains philosophes
que, des deux états de l'âme les plus étroitement
unis à tous les autres, la conscience et l'attention, ils ont voulu faire deux facultés spéciales,
avec le cortège ordinaire des subdivisions et des
délimitations les plus précises.

— L'attention s'applique aussi bien au dehors
qu'au dedans; le recueillement est pour l'intérieur seul et descend jusqu'au plus intime. L'attention met en œuvre, elle consume les forces
que le recueillement répare et qu'il réserve.
L'attention fait agir à la fois et de concert tous les
éléments de la pensée, elle va sans cesse de l'un
à l'autre avec une rapidité incroyable; le recueillement se tient ferme et stable à l'élément primitif
ou principal, et par lui il tient tous les autres.
Son acte, pour être moins empressé, moins ap-
parent que celui de l'attention n'en est pas moins
efficace. Par lui l'âme prend de nouveau possession d'elle-même; elle retrouve sa paix si elle

l'avait perdue, sa direction si elle s'était égarée, sa puissance d'entendre et de comprendre si elle s'était épuisée. Par le recueillement elle échappe aux surprises, aux entraînements passagers, aux séductions de la mode, aux caprices de l'opinion, elle ne donne pas à l'erreur qui s'insinuait le temps de l'envahir et de la dominer. Pour s'élever, pour durer, pour produire tous les effets dont elle est capable, il faut que de temps à autre l'attention se fasse recueillement : c'est là qu'est son point de départ et son terme.

— Le dialogue permanent de nous-même avec nous-même, et de nous-même avec la voix intérieure peut languir, à certaines heures, au point de sembler s'éteindre, mais si nous écoutons bien nous nous assurerons qu'il ne cesse jamais entièrement.

— La tendance de nos analyses psychologiques est à séparer de plus en plus phénomènes et facultés, la tendance de notre âme à les unir obstinément par les liens les plus étroits. Où pourront bien se rencontrer notre âme et nos analyses?

— Infatigables observateurs des faits de conscience, craignez de lasser votre regard : il verrait à la fin ce que vous devinez, ce que vous désirez, non ce qui est.

— Distinguez, divisez, notez, qualifiez avec le plus grand soin les pouvoirs de l'âme et les faits qui se rattachent à chacun d'eux, vous n'aurez pas plutôt terminé ce beau travail, et voilà que ces groupes si bien formés, à la première occasion, au moindre choc, se mêlent, s'entrecroisent à ne plus se reconnaître, et se confondent, pour finir, dans l'unité de l'âme humaine. On dirait de nos analyses psychologiques qu'elles sont à la fois solides et vaines, vraies et fausses, nécessaires et inutiles. On ne cessera pas d'en proposer de nouvelles : on ne cessera pas de croire à l'unité du Moi.

— Ils veulent que nous les croyions capables d'établir le catalogue exact, précis, définitif des phénomènes et des facultés de l'âme, et ils n'ont jamais pu dresser méthodiquement celui d'une seule bibliothèque. Comment admettre qu'ils connaissent l'ordre de mon âme, quand celui de mes livres leur échappe entièrement : ces livres qui, si nombreux qu'ils soient, n'embrassent qu'une partie de l'âme humaine, de ses œuvres et de son histoire ?

— Creusez, creusez toujours ; sûrement vous

trouverez le fond, à moins qu'il ne s'agisse de l'âme humaine.

— Il faut s'aimer soi-même avec un étrange excès pour croire qu'ici-bas l'on n'aime que soi.

— On apprend mal dans les livres ce qu'on peut apprendre et lire en soi-même.

— L'espérance et l'inquiétude, le plaisir et la peine ont leur place dans tous nos désirs qui ont leur place dans toute notre vie.

— Se flatter qu'on dominera dans son âme, avec un empire absolu, le plaisir et la peine, la joie et la tristesse, c'est se flatter qu'on dominera tous ses désirs, même celui d'un tel état. Il n'est de stoïciens qu'en paroles : cesser de désirer c'est cesser d'être homme.

— Notre vie ne commence pas tout entière au jour de notre naissance; la patrie a vécu pour nous longtemps avant nous, et l'humanité longtemps avant la patrie. Le milieu dans lequel nous grandissons est tout pénétré de la pensée des âges précédents; il est riche des fruits de leur travail. Nous puisons à pleines mains dans le trésor commun; nous en faisons, souvent même

sans grand effort, notre partage et notre bien.
Un jour arrive où nous avons à la fois vingt ans
et, dans ces vingt ans, je ne sais combien de
siècles.

— Voyez dans la solitude de cette vaste bibliothèque publique, cet homme, lecteur d'habitude
ou d'occasion, qui s'y est attardé après tous les
autres. Il n'est, de sa personne, qu'un point dans
cet amas de livres, de brochures, de cartes, de
manuscrits qui remplissent plusieurs salles : sa
vie suffirait à peine, s'il en était chargé seul, à
en dresser le catalogue. Et pourtant c'est à propos de lui que tous ces livres ont été écrits : il en
est, lui, chétive créature dont la vie pour sûr
n'atteindra pas un siècle, le sujet éternel, l'inépuisable matière. C'est son passé qu'ils racontent,
son présent qu'ils étudient, son avenir qu'ils s'efforcent de lui révéler. Sa nature, âme et corps,
est décrite dans des milliers de volumes, et ces
volumes sont si loin d'avoir tout dit qu'il en naît
tous les jours, et que c'est à peine si l'un attend
l'autre. Lesquels retrancher de ces livres innombrables, lesquels mettre à part où il n'ait point sa
place ? — Ceux qui traitent des sciences exactes?
— Mais c'est du fond même de son intelligence
qu'ils sont sortis. Les notions qu'elles analysent
c'est dans son esprit qu'il en a lu les rapports. —

Ceux qui traitent du ciel, des astres, de la
nature? — Mais c'est lui qui en a sondé les profondeurs, c'est lui qui en a déchiffré l'énigme. Ses
constants efforts leur ont tour à tour, un à un,
ravi tous leurs secrets. — Ce qu'il a pensé de
lui-même, de Dieu et des choses, voilà en réalité
ce que contiennent tous ces livres, et il ne cessera d'en écrire que quand il cessera de penser.
Peut-il épuiser l'infini où ses pensées s'alimen-
tent? Peut-il épuiser la nature et la raison?

— L'intelligence humaine aidée de quelques
observations imparfaites a fait sortir d'elle-même,
à l'origine, la plupart des conceptions par lesquelles on essaie d'expliquer la nature des
choses. Toutes les observations de tous les
phénomènes du monde, à supposer qu'on pût les
séparer de la lumière intérieure, n'en feraient pas
naître une seule.

— Est-ce pour l'honneur de les combler que
certains philosophes imaginent entre les pouvoirs
de notre âme, entre notre âme et le monde extérieur, des abîmes sans fond? Est-ce pour le
plaisir de les renverser qu'ils inventent des
séparations, des obstacles dont notre esprit ne
savait rien avant qu'ils les lui eussent révélés?
Heureusement il sent mieux son unité que la

force de leurs objections, et nul sophisme ne pré-
vaudra contre ce témoignage qu'il se rend à lui-
même tous les jours, à tous les instants, chaque
fois qu'il se considère et qu'il agit.

— Le philosophe qui devient enfin, à sa grande
joie, maître de sa pensée, ne sait point que le
premier jour de cette souveraine domination a
été trop souvent, pour plusieurs, le premier jour
d'un dur esclavage. La pensée maîtresse, comme
on la nomme, est trop souvent une maîtresse
impérieuse; mieux elle enchaîne toutes les idées
secondaires, plus le système à son tour nous
enchaîne et nous ravit notre liberté.

— Du moment qu'il y a deux esprits capables
de s'entendre, il y a un Père de tous les esprits.
Du moment que deux pensées se comprennent et
se jugent l'une l'autre, il y a une Pensée régula-
trice de toutes les pensées.

— Rien de moins logique que la pure Logique:
c'est la voie directe, la route royale de l'erreur.
Loin qu'elle puisse tout redresser, il la faut redresser à chaque instant par l'expérience, par la
science totale de l'homme et du monde.

— Écrivez une Logique où la charité soit ins-

crite parmi les principes, et vous verrez quelles
railleries. Essayez d'appliquer les règles de la
Logique aux rapports des hommes entre eux sans
le concours de la charité, et vous verrez quelles
folies et quels crimes.

— Si l'amour est en Dieu la dernière raison des
choses, la charité qui procède de l'amour a bien
droit d'être, dans l'âme humaine, le principe qui
fait l'accord entre les principes. Les Logiques en
multiplient ou en diminuent le nombre au gré de
leurs auteurs : rarement songent-elles à celui-là.

— Esprit faux : mal qu'on a guéri, dit-on,
quelquefois, à force de réserve, de silence et
d'attention ; esprit étroit : mal incurable. L'un
manque de rectitude qu'on lui peut rendre, du
moins en partie, l'autre de capacité, et personne
n'y peut rien.

— Entendez gémir Lycidas : « Encore une
vérité dont il nous faut prendre le deuil ! Encore
une qui s'évanouit sous les coups de la Science !
Hier c'était celle-ci qui disparaissait, aujourd'hui
c'est le tour de celle-là de s'anéantir. Grand Dieu,
qu'allons-nous devenir ! Le monde ne saurait
vivre sans vérités, et voilà que les vérités s'en
vont l'une après l'autre ! » — Avouons qu'elles

sont bien mal apprises, ou que l'esprit de Lycidas
est bien faible de croire que les vérités meurent
et que l'une peut tuer l'autre. Le monde est plein
de Lycidas à l'heure présente, et qui n'y regar
dent pas de plus près.

— Il est encore trop matin pour qu'Athénagore
puisse penser : son journal d'ailleurs tarde bien à
venir. Son esprit ne s'ouvrira, sa pensée ne jail-
lira que quand elle aura reçu son excitant ordinaire. Qu'aucun ami, qu'aucun parent, qu'aucun
client ne vienne consulter Athénagore avant qu'il
ait lu son journal : il n'aurait rien à répondre
que de vague et d'insignifiant. Ce pain quotidien
a failli lui manquer deux jours de suite : il ne
restait pas deux idées au fond de l'esprit d'Athénagore. Rendez à Athénagore son esprit, son
journal et sa pensée.

— Dans les grands esprits l'unité est en proportion de la richesse : ils ne possèdent pas seulement de rares et belles qualités, ils les possèdent dans une parfaite harmonie.

— « Le beau traité qu'on vient d'écrire sur
l'art de penser ! Il a plus de mille pages ; les moins
accommodants seront forcés de convenir que rien
n'y manque. » Rien, sinon peut-être un peu plus

de brièveté, et je ne sais quel art de faire goûter de si arides leçons.

—Combien de temps encore écrira-t-on des Logiques nouvelles sur le modèle des Logiques anciennes, si rarement sur celui de la vie humaine ! Petit et stérile changement que celui des formules et des mots : c'est pourtant à celui-là qu'on se borne d'ordinaire. Multipliez plutôt les applications et les exemples, comme l'ont fait, avec tant de raison, Port-Royal et Balmès.

— Le plus bel Art de penser et le plus complet ne redressera pas un esprit de travers, et un esprit droit pourrait à la rigueur se passer de ses leçons. — A qui servira-t-il donc ? — A tous, aux esprits justes et aux esprits faux, par une connaissance plus exacte qu'ils y puiseront de la nature humaine et, en particulier, de la nature et des lois de l'intelligence. Ce n'est pas, en effet, pour l'ordinaire, telle règle spéciale qui fait qu'on évite tel faux pas; c'est bien plutôt cette connaissance de nous-même qui, peu à peu, affaiblit les mauvaises dispositions du cœur et de l'esprit d'où procèdent presque toutes les erreurs.

—L'art de penser, pour être efficace et complet, suppose dans celui qui enseigne et dans ceux qui étudient toutes les connaissances et toutes les aptitudes. Il est vrai qu'on peut aussi le résumer en deux lignes : *conduire ses observations et ses pensées par ordre; s'abstenir de juger dès qu'on cesse d'entendre.* Le bon vouloir fera le reste, car il comprend l'amour de la vérité.

— L'art de penser renferme en soi tous les arts. Pour lui trouver des limites il faudrait le borner à l'une de ses parties, au raisonnement, par exemple; mais alors ce n'est plus l'art de penser. Pourquoi promettre plus qu'on ne saurait tenir? C'est l'erreur ou plutôt la faiblesse que n'ont pas évitée les sages eux-mêmes.

— Les esprits étroits demeurent à jamais confinés dans leurs pensées où ils ont pris logis définitif : surtout ne leur parlez pas d'améliorer ou d'agrandir. Les esprits inconstants ne savent que faire et défaire, rapprocher ou séparer, édifier et renverser des pensées aussi mobiles qu'eux-mêmes : ils passent, ils n'habitent pas. Il en est enfin qui, possesseurs d'un logis sortable, ne renoncent pas à l'embellir et s'inspirent pour cela des plans et des conseils d'autrui.

— Une preuve que la pensée se mêle à tout, use de tout dans notre âme, c'est qu'on dit communément, et non sans raison : la force, la finesse, la noblesse, l'énergie, la délicatesse de la pensée. A parler en toute rigueur elle devrait être seulement vraie ou fausse. Les autres qualités qu'on y remarque lui viennent, les unes du tour d'esprit, les autres du caractère de celui qui pense, un grand nombre du cœur et des affections, plusieurs enfin de la façon de parler ou d'écrire. Sentiments, caractère, culture, langage, tout en nous influe sur la pensée et lui donne ou reçoit d'elle quelque chose.

— Plus on a de lumières et de bon vouloir mieux on est gardé contre l'erreur. Cette règle sans doute ne suffit point, mais si on l'oublie les livres les plus savants sur la nature et les causes de l'erreur seront sans utilité.

— Que le bien penser influe sur le bon vouloir, on l'accorde en général : on est moins disposé à reconnaître que le bon vouloir puisse quelque chose en faveur de la pensée. On oublie que le bon vouloir repose sur un fond solide de vérités silencieusement mais constamment présentes à l'esprit, et très capables d'attirer à elles ou d'engendrer d'autres vérités. On oublie encore que rien ne dispose à percevoir le vrai comme le désir de le posséder, et la ferme résolution de ne lui opposer aucun obstacle.

— Toutes les pensées du monde, sans en excepter les plus belles et les plus hautes, ne valent pas, pour conquérir ou conserver la paix de l'âme, un acte de bon vouloir. A moins peut-être que l'acte de bon vouloir ne renferme en soi, comme en abrégé, toutes les plus belles pensées du monde et les plus hautes.

— « Il ne pense à rien, » — c'est-à-dire, le plus souvent, dans le langage populaire, il ne sait rien préparer, rien prévoir. Si l'on songe à ce que renferme ce seul mot prévoir, et qu'il suppose expérience, réflexion, possession de soi, caractère, constance, on reconnaîtra que le peuple n'a pas moins que les sages une haute idée de la pensée.

— Appliquée à la rigueur la règle de l'évidence devrait supprimer toute subordination d'un esprit à un autre esprit, tout au moins celle des philosophes à un chef d'école : c'est le contraire qui arrive. Après comme avant Descartes les esprits médiocres se réclament des esprits supérieurs, les écoles se multiplient, leurs chefs n'ont pas moins d'autorité. Il y a dans le monde et il y aura

toujours une hiérarchie des esprits, les plus faibles cédant aux plus forts, les moins appliqués
aux plus attentifs. Ceux-ci disent qu'ils ont bien
vu, et ceux-là les en croient sur parole. Ils n'ont
pas ce qu'il faut pour les contrôler : le temps et
la capacité leur manquent. Règles nouvelles, excellentes pour ceux qui les dictent, et tant qu'il
leur plaît de les suivre. Les autres les admirent
d'avoir si parfaitement émancipé la raison ; ils
n'ont rien de plus pressé cependant que d'abdi-
quer et de reprendre leurs chaînes. Ils croyaient
sur la parole d'autrui ; ils doutent, ils nient, au
besoin ils méprisent sur la foi de cette même parole : c'est là toute la différence.

— Excellente, quand il s'agit d'enseigner, la
méthode qui procède par demandes et par ré-
ponses, instances, objections, première, seconde
objection, et la suite, rendrait la conversation
monotone et insupportable. Il arrive souvent
qu'on y fait soi-même la demande et la réponse ;
on a mille moyens ingénieux d'y placer sa pensée
et de se dérober à celle d'autrui. Cette disposition
d'esprit est peut-être la principale cause du plaisir que les hommes éprouvent à s'entretenir les
uns avec les autres. C'est une autre manière de
s'entretenir avec soi-même, et moins monotone.

— Les commentateurs, en présence d'un texte

obscur, épuisent toutes les hypothèses, hormis
celle que l'auteur n'a pas su être clair, qu'il
n'était pas maître absolu de sa pensée, que son
esprit sommeillait.......

Quandoque bonus dormitat Homerus.

— « Vous n'entrez pas dans ma pensée. » —
C'est que peut-être vous ne l'avez pas exprimée
avec assez de clarté et de précision. Donnez tous
vos soins à ce qu'on puisse l'entendre aisément,
et je vous promets d'y entrer, mais je ne m'engage pas à y acquiescer.

— N'est-il pas vrai que nous lisons tous deux
le même livre, à la même page? — Non, cela
n'est pas vrai. Vous le lisez avec votre esprit,
moi avec le mien; vous le lisez avec vos inclinations, avec vos passions, avec vos pensées habi-
tuelles qui ne sont pas mes inclinations, mes
passions, mes pensées. Nous lisons les mêmes
mots, nous ne lisons pas toujours le même livre.
J'en sais que la lecture des Pères de l'Église a
rendus plus chrétiens qu'ils n'étaient, et j'en sais
dont la foi chancelante n'a pas résisté à cette
épreuve où les autres ont retrempé leurs forces.

— On ne s'entend ici-bas qu'à demi avec soi-
même et avec les autres, avec ceux dont on par-

tage les idées et qui partagent les idées de leur temps. En apparence que de rapports, que de points communs ; en réalité que de malentendus, que d'oppositions ! Mais qu'est-ce que ces idées dont la pleine compréhension est si rare, la durée si éphémère, la communication si incomplète, auprès de celles qui ont, dans une diversité infinie, peuplé l'esprit de nos ancêtres et qui peupleront celui de nos descendants. Étrangers les uns aux autres quand nous paraissons le mieux nous connaître, nous savons peu de chose de ce qu'on pense à cent lieues de nous, presque rien de ce qu'on a pensé il y a cent ans. C'est pour nous un long passé que passions et préjugés ont à plaisir obscurci, et qu'il faut nous révéler comme celui de l'Inde ou de la Chine. Pensée de Dieu, que seraient nos pensées si vous n'éclairiez ces ténèbres, si vous ne dissipiez cette confusion, si vous n'établissiez un lien visible ou caché entre toutes les pensées, tous les esprits et tous les temps !

— Pensée juste, — répond exactement à ce qui est, à un point de vue de l'ordre, se suffit, et souvent se renferme en soi. Pensée profonde, — juste dans son ordre, va au-delà du visible, touche à l'infini, fait penser.

— On peut échanger des idées, faire échange

d'idées, sans que rien change dans l'esprit de ceux qui se livrent à ce tranquille commerce. Nous doutons qu'on dise jamais et que l'Académie approuve : échange de pensées, faire échange de pensées. Si l'idée est comme à la surface de l'esprit, toujours prête à sortir, à rentrer, à se déplacer, la pensée n'est guère si mobile, ni si prête à répondre au premier appel, à se transformer dès qu'on l'y invite. La conversation peut en déposer le germe dans notre âme, mais il lui faut la solitude pour naître et s'épanouir.

— Tous les hommes et tous les siècles ont pensé pour celui qui pense à l'heure présente et se croit peut-être un penseur très original. Ce qu'il ne doit qu'à lui est bien peu de chose auprès de ce qu'il doit à ce nombre infini d'ancêtres.

— Qu'il y ait dans la nature des générations spontanées, quelques savants le soutenaient hier encore, mais nul n'a jamais soutenu qu'il pût y avoir des pensées sans germes.

— Ces deux philosophes se séparent enchantés l'un de l'autre. Ils ont conversé durant une heure entière, chacun d'eux répondant à sa propre pensée et n'ayant qu'elle en vue. Assurément ils seraient fort en peine de dire de quoi ils sont tombés d'accord, mais ils sont enchantés l'un de l'autre.

— C'est, de nos jours, comme un bavardage continuel de journaux, de feuilles légères, de livres frivoles dont la vide et monotone rumeur nous poursuit en tous lieux et jusque dans la solitude. Pour cesser un moment de l'entendre et chasser tous ces importuns, une dernière ressource c'est d'appeler à son aide un solide esprit, Platon, Descartes, Bossuet. Il suffit, au témoignage d'Homère, que la sage et diligente maîtresse apparaisse sur le seuil, pour changer en un profond silence le bavardage assourdissant d'une légion de servantes.

— Il est de la nature de la corruption de s'étendre de proche en proche : toutefois celle des sens, de l'imagination et du sentiment, la pensée demeurant saine, peut être guérie ou diminuée. Il n'est plus de remède au contraire, et la corruption peut tout envahir quand elle a sa source dans la pensée.

— Des quatre vies qui s'écoulent en nous : vie des sens, vie des sentiments, vie de l'imagination, vie de la pensée, chacune des trois premières a sa place dans les deux autres et la quatrième dans toutes. Les trois premières peuvent se trouver chez l'animal, la quatrième est dans l'homme seul où elle tend sans cesse à élever le reste à sa hauteur.

— Il manque quelque chose à la plus heureuse mémoire, si elle ne sait rien oublier.

— La mesure dans la louange est la perfection de la louange, avantageuse à celui qui n'est plus, honorable à celui qui s'efforce de perpétuer sa mémoire. Il a montré autant de discernement que de talent ; il a fait voir qu'il connaissait la nature humaine, qu'il croyait à la raison de ses auditeurs, à la puissance de la vérité. Quelles qualités, et dans quelle rare union, aussi rare que la vraie louange !

— Il n'est personne qui ne pense du bien de soi ; on pardonne même à ceux qui en disent, quand on les sait très capables de publier, le cas échéant, tout le bien qu'ils savent d'autrui.

— Quelle société possible si les hommes n'avaient foi à la bonté les uns des autres. Politesse, urbanité, courtoisie, aménité, affabilité : signes extérieurs de cette mutuelle bienveillance. Il faut bien penser qu'ils ne trompent pas toujours puisqu'on n'a pas cessé d'y croire.

— Ce serait une merveille qu'on pût être vraiment poli sans un peu d'esprit et de bonté. Il faut de l'un et de l'autre, si faible qu'en soit l'apport, dans une politesse qui ne se dément jamais.

— Le bien qu'on dit de soi n'est pas toujours en proportion du bien qu'on en pense. Autant la vanité se dissipe en discours avantageux, autant l'orgueil se concentre et se fortifie dans son silence.

— On loue les enfants et les hommes pour les qualités qu'ils ont, et pour celles qu'on aimerait à découvrir en eux. On les félicite de les posséder pour les encourager à les acquérir.

— Nier qu'il existe en tout esprit humain, même le plus lumineux, un point obscur, si petit, si réduit qu'il soit, c'est le fait d'une extrême indulgence ou d'une extrême ignorance. Le découvrir dans l'esprit des autres n'est point si rare ni si malaisé; l'apercevoir en soi est d'un bon signe, mais pas du tout ordinaire et vraiment difficile.

———

— Je vous dis, je vous répète que la morale repose tout entière sur l'idée du Devoir.

— Je vous dis, je vous répète que son seul et unique fondement c'est l'idée du Bien.

— Et l'idée du Respect, je vous prie, l'idée du respect de soi-même et de sa personne dans la personne d'autrui? Croyez-vous, Messieurs les métaphysiciens, que la Morale, pour être complète et parfaite, ait besoin d'un autre principe?

— Vous n'y êtes pas : le meilleur de tous les principes, — que sert de le nier? — c'est depuis bien longtemps, ce sera toujours, tant qu'il y aura des hommes, la recherche du bonheur.

— A condition, et cette condition vous l'accepterez si vous êtes sincère, que ce bonheur soit le plaisir : autrement je ne sais pas ce que ce mot bonheur signifie.

— Et la volonté du plus grand nombre, en faites-vous si peu de cas, la comptez-vous pour rien? Espérez-vous trouver en dehors d'elle un point de départ solide, inébranlable à vos prescriptions?

— Si la volonté du plus grand nombre est d'accord avec ma raison, oui; sinon, non. Je ne connais d'autre guide que ma raison, je n'entends qu'une voix, celle de ma raison, je n'obéis qu'à un commandement, celui de ma raison.

— Permettez : votre raison est-ce la raison impersonnelle ou la raison purement subjective?...

Chacun d'eux prenant la partie pour le tout et

son principe dans la partie qui lui plaît, sans tenir
le moindre compte du rapport des parties et de
leur mutuelle dépendance, nous n'aurions pas de
sitôt la fin de tous ces discours. Allons à ceux qui
unissent, non à ceux qui divisent, à ceux qui
font la part de Dieu dans l'œuvre de Dieu et, dans
la vie présente, celle de la vie à venir.

———

— Toutes les pensées et toutes les vertus sont
comme en germe dans l'acte de respect, depuis
l'idée de Dieu, principe de tout ordre, fondement
de toute hiérarchie, jusqu'au courage qui s'exer-
çant à vaincre les résistances de l'amour-propre
prépare les autres victoires.

— *Principes,* thème à beaux discours, source
de belles actions. Ceux-ci en raisonnent à merveille, ils les vantent, les recommandent, à la
première occasion ils les tournent ou les ou-
blient; ceux-là qui en savent à peine le nom les
appliquent avec une rare constance. Ils rétablis-
sent, par leur conduite ferme et sage, l'autorité
des principes dont les autres feraient douter
malgré leur stérile éloquence.

— Principes de morale réputés par plusieurs
seuls vraiment principes, seuls indispensables,
loués, exaltés à tout propos, hors de propos, au

détriment de tout le reste. Mais qu'ils ne s'avisent point de devenir un obstacle ou un embarras : on leur fera bien voir qu'ils se sont mépris, qu'ils ont trop présumé d'eux-mêmes, qu'ils sortent de leur rôle qui est d'être des principes et rien autre chose.

— Ce n'est pas la même chose de savoir gouverner sa vie ou de savoir l'orner. Plusieurs ont, sur leur route, évité à force de précautions tous les faux pas, qui n'ont pas même aperçu les paysages tour à tour gracieux ou imposants à travers lesquels elle se déroule. A plus forte raison n'en ont-ils pas joui et n'en sauraient-ils, l'heure des voyages une fois passée, ranimer dans leur âme l'agréable souvenir.

— Il y a dans le monde moins de voluptueux que de vaniteux, et moins de gens avides de jouir que de le faire savoir. Un remède à la brièveté de nos plaisirs c'est de les prolonger dans l'opinion d'autrui : le luxe produit cet effet. Il serait plus gênant qu'agréable s'il ne devait donner au prochain une haute idée de notre goût, de notre richesse, de notre bonheur. Voilà ce qui nous plaît d'abord en lui.

— Les lieux où l'on se plaît davantage on les

aime un peu pour eux-mêmes, beaucoup pour les
amis dans le commerce desquels on y a vécu. Il
est vrai qu'on n'y songe pointj usqu'au jour où la
mort nous les ravit, où la fortune les en éloigne.
Alors les plus belles, les plus vastes cités sont
pour nous comme un désert; alors nous ne sen_
tons plus de la solitude qui nous charmait que
son silence et notre abandon.

— Chacun sait combien volontiers les gens à
cheval ou en voiture préviennent de leur salut
l'humble piéton qui s'incline et se gare. Les moins
favorisés de la fortune ne sont pas les moins sensibles à cette légère et passagère élévation. Cette
vanité ne saurait avoir aucune suite fâcheuse;
mais où va se loger la vanité, ou plutôt quel est
l'avantage assez médiocre, assez insignifiant,
assez éphémère, pour que la vanité le néglige!

— Théodore attend pour penser que vous ayez
parlé. Volontiers il prendrait les devants pour
mieux vous faire sa cour, mais vos traits, vos
yeux, votre sourire ne disent pas encore assez
clairement quelle est votre manière de voir. C'est
à peine s'ils permettent à Théodore d'ébaucher
une pensée qu'il achèvera sitôt que vous aurez
exprimé la vôtre.

— Vous n'avez jamais eu, dites-vous, le

bonheur de voir Antenor se ranger à votre avis :
c'est l'homme du monde le plus contredisant. Il
est pourtant un moyen de le faire penser comme
vous : dites devant lui le contraire de ce que vous
pensez.

— La première fois que vous conversez avec
Amintas vous êtes sous le charme. Quelle parole
facile, élégante, agréable ! Quelle richesse
d'idées ; quel fonds inépuisable de solides
connaissances ! Quels points de vue nouveaux
que vous n'auriez sans lui jamais découverts !
Décidément il a tout lu, tout vu, tout étudié ; il
n'est point de question difficile ou délicate pour
laquelle il n'ait, de longue date, une solution qui
lui appartient. Le deuxième entretien n'est pas
non plus sans agrément et sans profit. Toutefois
les limites se dessinent, le cercle se resserre ;
peu ou point d'idées nouvelles, çà et là quelques
répétitions. On dirait à plusieurs reprises que les
mêmes choses (est-ce pour les mieux graver dans
votre esprit?) sont reproduites absolument dans les
mêmes termes. Restez en là si vous voulez garder
d'Amintas, de son savoir et de son esprit, un bon
souvenir et une impression favorable. Un troisième entretien lui serait fatal : dans son intérêt
et dans le vôtre n'en essayez pas.

— On dirait qu'Eudémon a honte des excel-

lentes choses qu'il dit, tant il les dit de l'air d'un
homme qui hésite et ne sait point. Jamais il ne
parle qu'on ne l'interroge ; souvent même il tarde
à répondre, doutant si l'on ne s'est point mépris
et si c'est bien à lui qu'on s'adresse. Ceux qui le
voient en passant l'ont pris plus d'une fois pour
un ignorant ou pour un sot : seuls ses intimes amis
rendent justice à son mérite. Il n'a pas (loin de
lui cette pensée) la prétention de tout connaître,
mais il sait parfaitement ce qu'il sait et le fait
comprendre en peu de paroles. Rien de banal
dans sa conversation, rien non plus d'affecté :
tout est simple, solide et vrai. Avez-vous gagné
sa confiance, a-t-il lui-même triomphé de son
naturel, au lieu de quelques mots sans suite qu'il
murmurait entre ses dents, voici venir une parole
nette, nourrie, nerveuse. Il est vrai qu'il pourra
bien, repris de son ancienne défiance, s'arrêter
tout à coup ; ne vous en inquiétez pas. Vous re-
viendrez un autre jour à la charge, vous revien-
drez dix fois, vingt fois, tant qu'il vous plaira,
jamais vous ne plaindrez votre peine. Eudémon,
sans qu'il y songe et sans qu'il le croie, vous ap-
prendra toujours quelque chose.

— On peut avoir beaucoup d'expérience et peu
de sagesse, comme on peut, avec beaucoup d'idées,
ne former que de médiocres pensées.

— S'il y avait dans le monde autant de trom-
peurs que de tromperies il faudrait désespérer du
monde, mais il n'en est rien. Il s'en faut de tout
que le nombre des méchants égale celui des cré-
dules et des sots.

— Il en est des folies humaines comme des
eaux d'une rivière troublées par un violent orage.
Le sage les regarde passer avec tristesse, mais
avec une ferme espérance. Il sait que la source
est pure et qu'elle ne saurait tarir.

— On a beau haïr le moi, jamais on ne le dé-
teste autant qu'il s'aime. Le contraindre de ne
point penser à soi, il n'y faut pas songer ; du
moins pourra-t-il s'en taire. Ne l'espérez pas : il
saura se louer jusque dans l'à-propos de son
silence, jusque dans l'éloge d'autrui.

— Savoir descendre en soi, c'est la moitié de
la philosophie ; y demeurer enfermé, c'est l'excès ;
en sortir et y rentrer à propos, c'est le privilège
des sages.

CHAPITRE IV.

La Parole : les langues.

— C'est l'âme entière qui fait la pensée, et la différence des âmes fait celle des styles. On peut résumer, sans grand dommage pour elle, la pensée qui viendrait uniquement de l'esprit, l'analyser, l'abréger et ne lui rien enlever : c'est tout un de la lire dans l'auteur ou d'après lui. Au contraire tout fait corps, tout est nécessaire dans la pensée des grands écrivains. En ôter ou en changer un mot, c'est en altérer le sens, c'est diminuer leur âme.

— La lutte qui est la condition ordinaire de l'humanité n'est pas moins celle des langues. Toutes sortes d'ennemis les attaquent : il en

vient du dedans, il en vient du dehors. Pour n'en
citer que deux, à peine ont-elles triomphé des
patois ou dialectes locaux que les grandes cités
les entraînent dans leur corruption. Elles ont un
patois qui leur est propre et qui n'a rien de naïf.
Son nom seul blesse l'âme et l'oreille : il signifie
décrépitude et perversité.

— En serait-il des langues arrivées à leur
perfection comme des chefs-d'œuvre auxquels
on ne peut rien ajouter, dont on ne doit rien
retrancher ?

Ce serait les condamner à mourir avant le
peuple qui les parle, et dont elles doivent par-
tager, jusqu'à la fin, la bonne et la mauvaise fortune.

— Les langues vieillissent vite quand, sous prétexte de faire dire aux mots plus qu'ils n'ont encore dit, on en fausse le sens et on les rend inca-
pables d'un sens unique et précis.

— La langue et le génie de la France ont reçu
leurs caractères distinctifs dans les Écoles du
Moyen Age, mais surtout dans la grande Univer-
sité qui résume alors l'intelligence de la nation.
Tous nos instituteurs, tous nos éducateurs sont
sortis de là, depuis le poète jusqu'au prêtre, de-

puis le scribe jusqu'au légiste, depuis le plus sévère dogmatique jusqu'au mystique le plus tendre.
Le dur marteau de la Logique a forgé cet esprit
net, ferme, précis, dont les qualités sont devenues
celles de la langue la plus analytique et la plus
claire. Les poètes y ont ajouté peu à peu, par de
continuels efforts, l'aisance, la richesse, l'harmonie. A nos victoires mêlées de revers, et passagè-
res comme toutes les victoires, on reconnaît le
vieux sang gaulois qui bout encore dans nos
veines ; aux conquêtes de notre génie, à l'empire
des Lettres françaises on devinerait nos premiers
maîtres, les Logiciens et les Métaphysiciens qui
ont assoupli, dilaté, fortifié nos âmes. Sortis d'un
long et laborieux travail de la pensée, ce n'est
point par nos armes, c'est par la pensée que nous
avons acquis une durable et universelle domination.

— Jamais on n'a tant et si bien pensé en France
qu'au dix-septième siècle : jamais aussi la langue
n'a été plus souple et plus forte, plus une et plus
diverse, chacun de ceux qui la parlaient la mar-
quant au signe de sa pensée.

— On dit du style de Bossuet qu'il est clair, et
on affirme la même chose du style de Condillac.
La clarté de l'un vient de ce qu'il dit tout ce qui

est nécessaire, la clarté de l'autre vient de ce qu'il retranche tout ce qui l'embarrasse. Il y a donc une clarté selon la raison et une clarté contre la raison. La première a sa source dans l'ordre des choses tel qu'il est, la seconde dans l'ordre des choses tel qu'on l'imagine.

— Le latin qu'ont parlé les mystiques du douzième et du treizième siècle, Hugues et Richard de Saint-Victor, saint Bonaventure, l'auteur inconnu de l'Imitation, est encore plein de vie. Il s'est rajeuni au contact d'une pensée vigoureuse, de sentiments délicats et profonds. Il ne meurt que quand les érudits paraissent. Le latin vraiment mort est ce latin si bien nommé cicéronien, parce qu'il ne s'appartient plus, et qu'étant devenu la propriété d'un certain esprit il ne sera jamais plus celle d'aucun autre. Au lieu que la pensée se créait à elle-même sa langue avec les matériaux de la langue commune, c'est une langue de choix, mais toute faite, qui s'impose à la pensée. Le peu qui reste de celle-ci n'est que pour donner aux mots l'occasion de se produire, de se disposer en périodes nombreuses, en phrases savamment cadencées : le tout sonore et vide.

—Bien différente de celle des grands mystiques,

la langue des Cicéroniens n'a rien d'incorrect, d'abrupt, de jaillissant, mais elle n'a rien non plus de personnel et de vivant. Le latin toutefois n'est pas si bien mort avec eux que la pensée de Bacon et celle de Descartes, sans parler des grands théologiens catholiques, ne l'aient fait revivre au dix-septième siècle, et plus tard encore. Rien ne conserve les langues comme de les employer à penser. En revanche, pour avancer leur mort, il n'est rien de tel que de leur mesurer parcimonieusement la pensée.

— Il existe une période cicéronienne, une langue cicéronienne ; le vêtement est assez large pour que plusieurs l'aient porté, non sans grâce. Serrez la pensée et il ne convient plus qu'à un seul. Jamais écrivain sérieux n'a essayé de parler la langue de Thucydide, ou celle de Démosthènes, ou celle de Bossuet : il aurait perdu sa peine et mérité qu'on se moquât. Ce n'est pas que Cicéron n'ait pensé et, en certaines circonstances, très bien pensé, mais il s'est préoccupé du vêtement qui siérait à sa pensée : les autres n'y ont pas songé. Il a voulu que ce vêtement, d'un modèle assez uniforme, fût ample et bien fourni d'étoffe. Les autres l'ont si étroitement adapté à leur taille que personne après eux n'a su s'en vêtir.

— Les aspérités d'une langue encore jeune

sont une précieuse ressource pour le ciseau des
grands maîtres : une langue fixée, facile et cou-
lante est loin de les servir aussi bien. Au lieu de
l'orner, le ciseau qui s'attaquerait à cette surface
si parfaitement polie, ne pourrait que la déformer.
Plus la langue définitivement fixée devient d'un
emploi facile, plus il est difficile de la parler avec
originalité. Cette cire molle reçoit aussi volontiers
l'empreinte de tous les cachets, mais elle n'en
garde aucune.

———

— De ces *pensées* que Pascal a refaites jusqu'à
dix fois, laquelle est sa pensée véritable ?

— La dernière, sans aucun doute, car celle-là
seule a satisfait ce sévère censeur.

— Les autres n'étaient donc pas encore sa
pensée ?

— Non, mais c'est par elles qu'il s'est acheminé
à sa pensée véritable.

— Est-ce donc à cette condition seulement
qu'on peut bien penser ?

— Oui, en matière grave, et peut-être en toute
matière.

— Mais la plupart des hommes n'y prennent
pas tant de peine.

— La plupart des hommes pensent faiblement,
et ne sont pas tenus de penser d'autre sorte.

— Est-il bien digne d'un esprit sérieux de choisir ainsi et de peser des mots ?

— De ce choix dépendent la précision et la force de la pensée.

— Les mots ne servent donc pas seulement à la faire valoir ?

— Ils font corps avec elle. Elle n'est terminée dans l'esprit que quand elle l'est dans le discours. Ceux qui n'ont pas encore trouvé l'exacte expression de leur pensée n'ont pas achevé de penser.

———

— Vous admettez du moins que le nombre et l'harmonie de la période n'ont rien à voir avec la justesse de la pensée.

— Je l'admets, mais vous conviendrez aussi qu'une pensée juste ne perd rien à posséder ces deux qualités, et qu'elle y peut gagner quelque chose : témoins les poètes. Il faut intéresser le sens au succès de l'esprit : l'harmonie est douce à l'un et à l'autre.

———

— L'harmonie du style doit dépendre de la pensée et s'y adapter sans effort : elle doit s'abaisser, s'élever, se diversifier avec elle. Que l'oreille ne soit point blessée, il suffit à la rigueur.

Si elle sent trop vivement son plaisir et en jouit
à part, c'est aux dépens de l'esprit qui n'est plus
dominé. Harmonie constante et uniforme, pensée
languissante. Il faut que l'harmonie soutienne la
pensée, non qu'elle l'efface ou la remplace. Autrement elle n'est plus qu'une musique, et même in-
férieure à la musique ordinaire dont un privilège,
moins rare qu'on ne croit, est de remuer l'âme et
d'y réveiller la pensée.

— Les termes généraux plus exposés à tous
les contacts ont parfois d'étranges maladies : il
est vrai qu'elles sont rarement mortelles. Un
signe certain du mal c'est qu'on les a sans cesse
à la bouche, et que, de bouche en bouche, ils vont
se corrompant toujours davantage. Alors il ne
manque plus qu'une chose à l'*homme vertueux*,
la vertu simple et modeste, *au cœur sensible* que
le sentiment vrai, *à la nature* que le naturel et
Dieu. On abusa tellement qu'on se lassa et qu'on
guérit. On provoquerait de nos jours ou le rire ou
le sourire, si l'on prononçait, à la manière du dix-
huitième siècle, en levant au ciel des regards
attendris, les mots *sensibilité, nature, vertu*. Ils
sont si parfaitement guéris que la plupart de nos
contemporains n'ont jamais rien su de leur ancienne maladie.

— La pensée la plus sûre de traverser les âges

est celle qui n'emprunte que juste ce qu'il faut de l'élément passager, et le plus qu'elle peut de l'élément immuable de nos pensées. Les grands écrivains le savent faire : ils sont de leur temps, et ils sont de tous les temps. La pensée des autres meurt à la place où elle est née. Ils n'ont songé qu'au présent, l'avenir ne saura rien d'eux.

— Quelle différence y a-t-il entre ce qui est *scientifiquement* prouvé et ce qui est *rigoureusement* prouvé ? Sans doute celle qu'on y veut mettre : quelquefois aussi le ton de la voix.

— N'avoir point *d'appétit,* malaise des plus communs et médiocre sujet d'inquiétude. Souffrir *d'inappétence* commence à devenir plus grave, surtout si le diagnostic en est porté par un homme de l'art. Être atteint *d'anorexie,* cas presque mortel pour qui ne sait pas le grec, et commence à songer dès lors au grand départ. Pourtant rien de changé que le son des mots : l'imagination et la peur ont fait le reste.

— *Libéral,* — *bien pensant,* — *libre penseur :* sens discutable, sens malléable, sens indéfiniment variable et qu'on n'a cessé d'allonger ou d'accourcir depuis un demi-siècle ; au fond peu de sens. Pendant qu'on se tourmentait l'esprit à l'oc-

casion de ces trois mots, liberté et pensée demeu-
raient dans l'âme de l'homme ce qu'elles ont été
depuis l'origine et ne cesseront d'être jusqu'à la
fin.

— Ceux qui ont étudié la philosophie uniquement dans les livres, en parleraient-ils la langue
avec une merveilleuse facilité, ne sont pas toujours pour cela des philosophes. Ceux qui l'ont
surtout apprise en eux-mêmes peuvent être des
philosophes quand ils ne parleraient ni langue, ni
dialecte philosophique.

— *La Critique* n'est rien en soi : c'est le bon
jugement qui est tout, c'est la liberté d'esprit,
c'est l'attention forte et persévérante, toutes choses qui ne datent pas d'hier et de la fin du dix-
huitième siècle. A moins que la critique ne soit
en réalité une science nouvelle, un art nouveau
auquel le bon jugement, ferme et jusqu'à la fin
d'accord avec lui-même, serait étranger. Il faut
choisir, mais surtout il ne faudrait pas s'imaginer
que le bon jugement ne démêlera pas tôt ou tard
la tromperie des mots et leur équivoque.

— Développer en soi ou chez les autres *le sens
critique*, c'est développer en soi ou chez les autres
le bon jugement, le discernement du vrai rapide

et sûr, l'esprit philosophique. Si c'est autre chose, qu'on le dise, mais on ne parviendra pas à faire voir que c'est autre chose. La vérité est qu'il fallait des mots nouveaux, les anciens ayant, par un long usage, perdu quelque peu de leur première force. On les a créés, et ils servent en attendant, car les autres sont bien sûrs de revenir un peu plus tôt, un peu plus tard : ils sont plus simples et plus modestes.

— Quelles beautés que celles dont un sordide vêtement n'avait point réussi à anéantir l'éclat, et quel service on nous a rendu de recoudre ces déchirures, d'effacer jusqu'à la dernière ces taches qui offensaient nos regards ! Comme nous allons jouir dans les *éditions savantes* de ces délicatesses, de ces grâces, de ces grandeurs que nous entrevoyions vaguement à travers le voile épais de textes grossiers ! N'oublions pas toutefois de préparer notre âme pour la rendre digne d'entrer en conversation avec ces grandes âmes. Il ne servirait de rien de lire Homère et Sophocle, Horace et Virgile dans des livres soigneusement corrigés, si nos esprits n'avaient eux-mêmes reçu la culture qu'il faut pour les comprendre et pour en jouir.

— *Bon sens, bon goût,* c'est-à-dire toujours bon

jugement, avec un trait commun, la mesure, avec des rudesses de l'un, des délicatesses de l'autre qui ne permettent pas à ces deux bons voisins d'humeur assez différente d'être toujours d'accord sur toutes les questions.

— « *Œuvre magistrale ; — dire excellemment.* » Dix années ont suffi pour user ces deux termes qu'on applique aujourd'hui à toute œuvre, à toute parole. Contre les mots nouveaux et les nouvelles alliances de mots, même les plus heureuses, mille ennemis conspirent pour les dessécher dans leur fleur. L'abus de la louange, celui de la presse ne permettent pas qu'aucun d'eux arrive à maturité.

— Craignez de dire tout ; laissez à celui qui vous écoute ou vous lit le plaisir d'ajouter à votre pensée. Il sera plus facilement de votre avis s'il croit avoir pris sa part de votre travail.

— Il n'est point rare qu'un bon esprit, de plus facile et prompt, modifie et complète, à mesure qu'il l'entend prononcer, le discours d'autrui. Il en use à son égard comme à l'égard de sa propre pensée quand elle jaillit sous sa première forme, avec cette différence que découvrant mieux des imperfections qui ne sont pas les siennes il les répare plus aisément.

— Nous parlons notre pensée et nous pensons la parole d'autrui. En nous c'est le signe qui suit la pensée, ou plutôt les deux ensemble sont notre pensée. Il précède au contraire celle qu'on nous communique, et tant bien que mal notre pensée l'interprète. Aussi est-il rare qu'on ne s'entende pas avec soi-même, si l'on en prend la peine : il l'est bien moins, quelque peine que l'on prenne, d'entendre ou de traduire à contre-sens la parole d'autrui.

— Le monde où nous introduit la connaissance de l'anglais, de l'italien, de l'allemand, a mille points de ressemblance et de contact avec le nôtre. Ils ont, à quelques années près, le même âge : les pensées des hommes s'y rencontrent plus souvent qu'elles ne s'y opposent : elles suivent, à quelque distance, des voies parallèles qui les conduisent au même but. — Le monde que les langues mortes, le grec et le latin en premier lieu, nous révèlent, diffère essentiellement de celui où nous vivons. C'est le monde de nos origines ; il a vu naître les pensées que les âges suivants ont peu à peu modifiées avant de nous les transmettre. Peut-on se flatter de les posséder pleinement et de savoir tout ce qu'elles contiennent, si l'on n'est remonté jusqu'à leur source ?

7

— Continuez, savants et habiles philologues,
M. M.........., pour votre gloire et notre bien,
vos utiles travaux sur les langues anciennes et
sur celles de l'extrême Orient. Tout ce que vous
nous révélez de leurs éléments, de leurs origines
et de leurs lois, profite à la science de la Parole,
— qui le sait et l'a dit mieux que vous? — profite
par la science de la Parole à celle de la Pensée et
de la Vérité.

————

— « Comme l'a si parfaitement démontré le premier
monsieur X.

— « Comme l'a dit excellemment monsieur Y.

— « On pourra consulter, avec grand profit, sur cette
question, le remarquable Essai de monsieur Z. C'est le
dernier mot de la Science..... »

Ces messieurs qui avaient tant d'esprit, de perfection et d'excellence étaient, pour la plupart,
des membres de l'Institut et de l'Académie française. Ces auteurs qui les louaient, il y a de cela
vingt ans ou un peu moins, dans de petites notes
discrètement établies au bas des pages de leur
nouveau livre, étaient, en général, des candidats
aux couronnes académiques. Supérieurs aux faiblesses de l'amour-propre les juges, comme on
aurait dû s'y attendre, sont demeurés incorrup-
tibles, les petites notes sont devenues de plus en

plus rares. Il faudra cette courte mention pour apprendre à nos descendants que ce petit travers s'est produit un jour, et qu'il n'a pas duré.

———

— Il faut qu'il y ait des concours, des médailles, des honneurs académiques, et que les candidats à toutes ces distinctions, sans cesser de penser par eux-mêmes et sans rien perdre de leur liberté, s'inquiètent pourtant de savoir ce que pensent leurs juges et ce qu'ils penseront de leurs écrits. La timidité des uns est soutenue, la témérité des autres est contenue par cette sage divination. Grâce à elle encore une certaine harmonie et comme un juste milieu d'opinions s'établissent entre les extrêmes opposés : résultat précieux, surtout à l'époque présente. Il n'est pas moins bon que d'autres, en plus petit nombre, ne se préoccupent ni de juges, ni de jurys, ni de récompenses, qu'ils s'efforcent, à leurs risques et périls, de penser par eux-mêmes et de parler absolument comme ils pensent. Les candidats ne vont pas toujours aussi loin qu'ils voudraient, les indépendants vont souvent plus loin qu'il ne conviendrait. Il faut des uns et des autres dans le monde de la pensée moderne, comme on l'appelle, mais surtout il faut bien choisir son autorité, car nul ne s'en passe.

— C'est au hasard que le livre va de çà, de là, tantôt trouvant, tantôt ne trouvant pas le lecteur qu'il cherche ou celui qui l'attend. Combien de voix parcourent ainsi le monde, graves, légères, frivoles, sévères, pressantes, discrètes, insinuantes, atteignant au hasard, où elles voudraient, où elles ne voudraient pas, où il ne faut pas. Une seule arrive toujours à son heure, à son auditeur, avec le conseil ou l'encouragement qu'il réclame, c'est la voix intérieure. Il suffit qu'on veuille bien l'entendre ; mais que de voix dont on ne s'inquiète plus, quand on s'est habitué à entendre celle-là !

— Quelles parfaites images que ces mots dont chacun fixe et fait ressortir un élément de la pensée, dont l'ordonnance manifeste son ordre intérieur, dont les rapports visibles se modèlent sur ses rapports invisibles, dont les innombrables nuances traduisent ses plus intimes modifications. On dit plus particulièrement de quelques-uns d'entre eux qu'ils font image, on le pourrait dire de tous, mais nous y sommes tellement habitués que nous n'y prenons pas garde. C'est ici comme pour la nature dont les spectacles ordinaires, malgré leur beauté, ne frappent point nos regards : notre attention ne se réveille que devant l'extraordinaire et l'imprévu.

— Il est naturel que ceux-là décident, en dernier appel, du sens et du sort des mots qui connaissent si bien le prix de chacun d'eux, qui peuvent donner à la fois la règle et le modèle, qui savent parler, écrire, penser. Le monde, à l'heure présente, est plein de sociétés scientifiques, littéraires, artistiques, dont les travaux sont connus et appréciés comme ils le méritent : seule la France possède, depuis plus de deux siècles, une Académie gardienne de la langue et de ses traditions. Qui pourrait confondre les Sociétés savantes les plus célèbres avec celle dont l'autorité repose tout entière sur le bon goût et le bon sens, confondrait aussi bien l'usage tel quel de la parole avec l'art et la perfection de la parole, ceux qui écrivent comme il leur prend fantaisie avec ceux qui craignent toujours que leur parole ne dépasse ou qu'elle n'affaiblisse leur pensée.

— La voix du sang n'a jamais rien révélé à personne. Ce n'est pas elle qui me fait à Bruxelles, à Louvain, à Genève, à Alger, à Montréal, à Québec, à la Nouvelle-Orléans, à Buénos-Ayres (1) (que ne puis-je, comme un peuple voisin, nommer de vastes îles et un continent tout entier !)

(1) Lire le récent voyage du docteur Armaignac dans les pampas de la République argentine *(Mame)*.

aimer, rechercher tant de frères inconnus, c'est le doux parler de la France. Ils parlent notre langue : est-ce donc trop d'affirmer que nos tendances et nos aspirations se ressemblent, qu'ils me comprendraient sans effort et que je descendrais sans peine au fond de leur pensée? Que nous importent des millions de sujets dont la langue n'est point notre langue, dont l'âme n'entend point notre âme. Mieux vaut une seule province, une seule ville où l'on parle, où l'on pense, où l'on aime comme nous.

— Pacifiques conquêtes de la Parole et des Lettres, mieux que des batailles gagnées, des provinces ravagées, des royaumes subjugués, vous assurerez l'immortalité de notre nom et de notre génie Nous serons, grâce à vous, comptés parmi les Empires dont la langue survit à leur domination passagère, et dont la pensée ne meurt point.

CHAPITRE V.

Le Beau et les Arts.

— Une œuvre d'art est vraiment belle, quand aux qualités ordinaires dont connaissent les règles elle joint l'expression d'une qualité morale: douceur, bonté, fermeté, pureté, générosité, noblesse; — d'une idée première de la raison: unité, simplicité, grandeur, force, infini. L'expression la plus parfaite peut-être, celle qui donne à l'art grec son propre caractère, c'est la paix dans la force, une pensée calme et profonde jointe à une puissance infinie. N'est-ce pas aussi le plus noble attribut de la divinité?

— Entre toutes les beautés de la nature et de l'art la plus parfaite est celle qui affermit la paix dans notre âme, ou qui la lui rend. Où manque ce caractère, quelque chose d'essentiel manque à la beauté. Ce n'est pas assez qu'elle triomphe et qu'elle captive : il faut qu'elle donne la paix après la victoire.

— La beauté véritable peut bien, en traversant les sens, y produire ce qu'on nomme saisissement, transport, ravissement, et la suite de ces métaphores, mais c'est l'impression d'un instant. Elle n'est beauté qu'au prix d'une purification qui lui donne, à son entrée dans l'âme, tout son éclat et toute sa puissance.

— Le plaisir a des degrés en nombre infini : il peut être plus ou moins engagé dans les sens, plus ou moins délicat et pur. Celui du bien accompli au prix d'un pénible sacrifice, celui que procure la contemplation du beau, s'ils ont, dans le principe, quelque liaison avec la matière, à la fin s'en séparent totalement. C'est alors une joie toute spirituelle et qu'un esprit seul peut sentir. A ce point de délicatesse et de pureté le plaisir suppose l'âme et la prouve.

— Le dernier mot n'est point : *l'art pour l'art*, pas plus qu'il n'est : *la guerre pour la guerre*, *l'action pour l'action*. Le dernier mot c'est : *l'art pour le beau*, et le beau pour élever les âmes après les avoir charmées.

— Il y a deux peintres pour chaque tableau, l'artiste qui l'a produit et l'homme de goût qui l'admire. Il les faut tous deux pour que l'œuvre soit, sinon parfaite, du moins terminée. Qu'on en puisse dire autant de tous les arts, nous l'avouons, mais on ne le dit si bien que de la peinture.

— Le temps qui se livre tout entier au poète n'accorde au peintre qu'un indivisible instant. Reste à savoir qui s'est mieux trouvé de sa munificence ou de son avarice, et si la peinture n'est pas quelquefois plus riche dans son indigence que la poésie au milieu de ses trésors.

— C'est tout un du poème descriptif, comme ceux-ci les écrivaient et ceux-là les admiraient sous le premier Empire, et d'un paysage où la nature servilement imitée ne fait rien pressentir au-dessus et au-delà d'elle-même. Une loi inflexible enchaîne à un point précis de l'espace et du temps le peintre du plus beau génie comme le plus médiocre barbouilleur. Elle leur interdit d'en sortir, de faire avancer l'action d'un pas, de suivre dans leurs variations infinies la lumière, la vie, la beauté. Du moins le premier sait-il, par

des appels aussi clairs que discrets, par des
lointains qui font rêver, par des dispositions et
des expressions qui font penser, nous convier à
interpréter son œuvre, à l'achever avec notre âme
devenue, pour un instant, tellement semblable
à la sienne qu'elle en devine toutes les intentions, qu'elle en pénètre tous les secrets. On ne
lit pas deux fois, sans y découvrir de nouvelles
beautés, la même page d'un grand écrivain ; on
n'étudie pas deux fois, sans la trouver plus profonde et plus belle, l'œuvre d'un grand peintre.

— Au poète le droit de me conduire à sa suite
et de conduire l'action jusqu'à la fin. Le peintre
et le sculpteur la doivent prendre à un moment
en deçà et au-delà duquel je puisse deviner,
pressentir, espérer, penser. D'autres vont jusqu'au bout de leur travail : le leur, pour être
parfait, réclame le concours du travail d'autrui.

— Les uns vont au Musée pour considérer le
sujet des tableaux qu'ils se font expliquer ou
qu'ils devinent de leur mieux : c'est tout dire.
Sensibles à la vivacité ou à la fraîcheur du coloris,
ils atteignent rarement à la ligne et au dessin :
ne leur parlez point du reste. D'autres plus intel-
ligents se proposent des fins et recherchent des
plaisirs moins vulgaires : on commence à les

pouvoir compter. Quelques-uns enfin s'y rendent
uniquement pour raviver en eux le sentiment du
beau. Bien au-delà des apparences sensibles ils
pénètrent jusqu'à l'unité, jusqu'à l'harmonie,
jusqu'à la pensée. Peut-être ils n'ont de leur vie
touché ni une palette ni un pinceau; leur suffrage
est pourtant celui dont les peintres font le plus
de cas : c'est celui d'un égal, il vient d'une âme
touchée comme eux de la beauté.

— On peut découvrir à la peinture toutes les
imperfections, toutes les limites qu'on voudra, on
ne saurait nier qu'ayant sans cesse à étudier
l'homme, à reproduire la figure humaine, à faire
resplendir la vie dans ses traits, l'âme dans ses
yeux, elle demeure de tous les arts, après l'éloquence et la poésie, le plus humain, le plus vivant et, par la connaissance de l'âme, le plus voisin de la philosophie.

— On pourrait ébaucher l'histoire des pensées
d'un peuple à l'aide des monuments qu'il a édifiés
et qui lui ont survécu. A défaut de textes écrits,
c'est déjà quelque chose de pouvoir interroger
les chefs-d'œuvre de son architecture nationale
et religieuse. Ils parlent les premiers, et ils parlent encore quand les livres ont parlé. Leur éloquence n'a d'égale que celle de la parole humaine,
et parfois elle lui survit.

— Quand une société ou un siècle a des idées
bien arrêtées sur la vie et sur la mort, sur Dieu,
sur l'âme et son avenir, plus fidèlement que les
autres arts l'architecture les exprime. Un chef-
d'œuvre de peinture ou de musique appartient
d'abord à l'artiste qui l'a produit ; il n'en est pas
ainsi d'un monument : il est au peuple dont la
civilisation et les croyances en ont inspiré l'idée.
Le plus habile architecte est celui qui est entré
plus avant dans le secret de sa vie et qui en a
mieux compris l'unité. Quand celle-ci décline et
tend à se dissoudre, quand les idées flottent avec
les croyances, l'architecture vit d'emprunts, copie
le passé, combine ou confond ordres et modèles.
Où la pensée s'affaiblit avec la foi à l'invisible,
l'architecture ne produit plus d'œuvres origina-
les. De tous les arts c'est peut-être celui qu'on
peut le moins séparer du peuple, dont il suit les
destinées et reflète le génie.

— Si la pensée de Dieu est la première de
toutes nos pensées, les architectes chrétiens du
treizième et du quatorzième siècle, les ouvriers
qui travaillaient sous leurs ordres, les multitudes
du sein desquelles ils étaient sortis devaient no-
blement penser, puisque aujourd'hui encore leurs
œuvres, nos magnifiques cathédrales, élèvent si
haut nos pensées.

— Ni rois, ni républiques, ni chefs de civilisés, ni chefs de barbares n'ont su faire marcher
les hommes en troupe et les conduire à la guerre,
qu'avec l'aide des clairons, des trompettes ou
des tambours. Il faut tout ce bruit pour que le
soldat marche d'un pas plus léger, il faut que ces
sons l'entraînent. Où et pourquoi? La musique
militaire ne lui en dit rien, mais elle l'avertit
qu'il faut marcher, qu'il est beau de marcher. Ce
n'est pas une pensée claire qu'elle éveille en lui,
elle est plutôt chargée d'en écarter plusieurs.
Elle est comme le cri de l'honneur militaire, mais
l'honneur ne va pas sans le devoir, ni le devoir
sans quelque commencement de pensée. La musique a mille manières de toucher à celle-ci,
mais elle ne fait qu'y toucher.

— Musique et parole ne vont pas longtemps
ensemble sans que l'une des deux cède à l'autre,
presque toujours la parole. L'esprit n'est guère
capable d'entendre deux langues à la fois et de
leur prêter une égale attention. Ou c'est la parole
qui n'est qu'une occasion à la musique, ou c'est
la musique qui plus rarement note la parole et la
soutient de son harmonie.

— La musique a tous les rapports avec la pen-

sée, excepté celui de la traduire avec précision.
Elle l'endort, la réveille, l'anime, l'abat, la pu-
rifie, l'élève, la délasse, la remplace : elle connait
et ne cesse de parcourir toutes les voies qui conduisent jusqu'à elle, mais elle trouve porte close
à chaque issue. Désirs, affections, sentiments,
passions, tout ce domaine du cœur qui est le sien
et qui confine à l'autre ne lui a pas encore donné
le droit d'y pénétrer. Depuis tant de siècles qu'elle
supplie, caresse, conjure, elle entend toujours la
même réponse : « Gardez-vous d'entrer : nous
vous aimons dans notre voisinage, nous ne vous
aimerions plus chez nous, vous n'y seriez plus la
musique. »

— Inhabile à traduire directement la pensée,
la musique descend plus loin qu'elle dans notre
âme. Elle pénètre seule, et parfois elle l'introduit
à sa suite dans de certains replis et jusqu'à des
profondeurs pleines de mystère, où la plus élo-
quente parole ne saurait parvenir et faire parvenir la pensée.

— La langue qu'a parlée le grand musicien nul
de ses élèves ne la parlera comme lui-même il l'a
parlée. La pensée qu'elle traduisait n'est pas dans
le commerce ordinaire de la vie et de la raison,
bien qu'elle charme l'une, et que l'autre soit

émue, quand elle l'entend, comme au souvenir d'un bien qu'elle aurait jadis possédé ; mais elle ne tarde pas à l'oublier de nouveau. Le grand peintre fait plus facilement école : ses élèves se persuadent volontiers qu'ils ont des droits sur sa pensée moins étrangère à la pensée commune, alors même qu'elle la dépasse infiniment. Il se peut qu'ils n'aient point tort au regard de l'élément acquis : lignes, couleur, ordonnance. Mais pour l'élément divin, ni eux, ni leur maître n'en sauraient disposer. On peut léguer à autrui sa méthode, ses procédés, sa manière : ce qu'on ne lègue à personne, qu'on soit orateur ou poète, musicien ou peintre, c'est l'âme que Dieu nous a donnée, c'est l'Idéal qu'il nous a permis de contempler.

— Le mérite d'un orateur n'est pas plus dans l'harmonie de ses périodes ou le charme de sa voix que celui d'un opéra dans la force de ses pensées.

— Tous les arts s'unissent pour rendre plus parfaite la représentation d'une tragédie ; mais quand sur la scène, où l'action se déploie, l'éloquence s'emporte et se répand en des vers pleins d'harmonie, les autres arts s'effacent ou se taisent devant ces deux-là. Il n'y a plus dans l'am-

phithéâtre d'yeux et d'oreilles que pour eux, plus
de place dans l'âme que pour en recevoir les impressions.

— Bien rares sont les fortunés mortels dont le
cabinet de travail renferme quelques tableaux des
grands maîtres, plus rares ceux qui savent jouir
d'un tel trésor. La mémoire du plus modeste let-
tré peut au contraire évoquer, au premier signal,
huit ou dix vers de Virgile plus riches de vie, de
couleur, de lumière que les chefs-d'œuvre des
plus parfaits paysagistes. Il se peut même qu'on
n'aille pas au-delà du premier vers, si c'est
l'homme et son âme qu'il a pour objet. On le con-
templera comme un divin tableau : tant qu'on
creuse et qu'on regarde on n'en épuisera ni le
sens ni la beauté : il remplira notre cœur, il apai-
sera, pour un moment, notre soif de l'idéal. La
nature seule, même admirablement décrite, n'aurait pas eu ce pouvoir : il y faut le concours de
l'homme, de son âme et de sa pensée.

— J'ai fini par comprendre et par goûter Pindare, mais c'est en y mettant beaucoup du mien.
— Recevez mes sincères, mes cordiales félicitations.

— C'est beaucoup trop pour un peu de bon vouloir.

— Un peu de bon vouloir et encore plus de poésie. Croyez-vous qu'on puisse admirer Pindare, goûter Pindare, si l'on n'est dans l'âme tant soit peu pindarique. Vous ne l'étiez pas hier, vous l'êtes aujourd'hui; demeurez-le, sinon Pindare ne sera plus pour vous Pindare. Mes cordiales félicitations.

———

— Les poètes devraient bien laisser la parole à leurs œuvres : celles-ci les louent bien mieux que leurs plus habiles préfaces. Pourquoi vouloir nous persuader qu'ils ont mis tant d'art et de parti pris dans leurs plus belles compositions, qu'elles leur ont coûté tant d'efforts et des combinaisons si bien étudiées ? Nous voulons, nous, que l'inspiration y ait eu plus de part que tous leurs calculs. C'est notre instinct qui a raison, c'est leur modestie qui a tort, et quelquefois aussi leur vanité. Après tout, s'ils aiment mieux passer pour d'habiles gens que pour des hommes divins, ils en ont le droit, et nul n'y saurait contredire.

— Il n'est pas rare de rencontrer dans Virgile des vers d'une extrême mais exquise simplicité. Il

8

semble, au premier abord, qu'ils disent peu de
chose, et pourtant ils possèdent le privilège
d'émouvoir toutes les âmes, de se graver dans
toutes les mémoires. Ils touchent, à n'en pas
douter et sans qu'on s'en rende compte, quelque
fibre plus délicate, quelque point plus sensible
auquel tout le reste correspond. Ils font penser,
ils font rêver, ils font pleurer; ils réveillent, en
nombre infini, des émotions, des souvenirs, et
parce qu'ils ont je ne sais quels rapports avec
notre âme entière ils exercent sur elle une douce
et irrésistible influence.

— Certainement les hommes politiques ne
seront pas de l'avis de James Smithson, mais
l'avenir et dès aujourd'hui quelques philosophes,
quelques hommes de goût pourront bien lui donner raison. James Smithson estime, en effet,
qu'un nouveau Territoire, un nouvel État, au
point de grandeur où son pays s'est élevé depuis
un siècle, ne valent point pour sa gloire la naissance d'un poème comme celui d'*Evangelina*.
Tout au moins faudrait-il que la date de chaque
annexion fût à l'avenir, dans l'histoire des États-
Unis, celle d'une œuvre immortelle due au génie
national. Les Empires se transforment, aime-t-il
à répéter; ils grandissent, ils déclinent, pour
céder tôt ou tard la place à d'autres Empires.

Seuls les chefs-d'œuvre de l'esprit humain ne meurent point, et ils sont encore, après de longs siècles, la gloire du peuple qui les a produits.

— C'est une belle chose que l'âme d'un héros ; c'est une plus belle chose encore que cette âme agrandie par un poète tragique : Sophocle, Corneille. De l'union de ces deux âmes dignes l'une de l'autre il s'est formé comme une âme plus parfaite dont l'historien s'étonne, car il ne la connaît pas, dont l'humanité s'éprend, malgré l'histoire, parce qu'elle se reconnaît et s'admire en elle.

— Créer un personnage ce n'est point, pour un grand poète, sortir de la vérité : c'est faire de deux âmes, la sienne et celle de son héros, une âme plus parfaite. Créer un rôle au théâtre, c'est prêter à cette âme unique où deux grandes âmes se confondent, son âme à soi, son corps, tout ce que l'on est. Ce n'est point lui donner plus de vie que le poète n'en a mis en elle ; c'est seulement pour un jour, pour une heure, lui rendre démarche, voix, regard ; c'est la faire respirer, rougir, pleurer, pâlir, parler dans un corps mortel, devant un auditoire qu'elle remplira tour à tour de trouble, de joie, de colère, d'espoir, de terreur. Voilà bien le dernier degré de l'illusion, l'effort suprême au-delà duquel l'art et le génie ne peuvent plus rien pour nous émouvoir. Mais ce suprême effort a quelque chose de trop éphémère dans ses plus beaux triomphes, il s'y mêle trop d'artifice, le parti pris de nous faire illusion y est trop marqué pour qu'on ait jamais songé à élever l'artiste dramatique au niveau du poète tragique, et pour égaler le créateur d'un rôle au créateur d'un caractère.

— La postérité s'inquiète peu des philosophes qui ont combattu avec le plus d'ardeur et de constance, si la valeur de leurs pensées ou la perfection de leur langage ne garde pas la mémoire de ces rudes combats. Les polémiques se succèdent et l'une fait oublier l'autre : seules la pensée et l'éloquence sont assurées qu'on ne les oubliera point.

— Les plus grands peintres ont, dans la suite de leurs œuvres, plusieurs manières qu'on distingue sans trop de peine. Il faut plus d'attention et un long usage pour découvrir dans les écrivains d'un vrai talent ces transformations insensibles. Il en faut d'autant plus qu'ils se sont moins préoccupés de parler aux sens et de les charmer par de vives peintures. Les philosophes, sous ce rapport, sont au dernier rang. L'imagination n'est pas en eux la faculté dominante ; ils s'in-

quiètent moins que les autres de plaire, bien peu
songent à peindre, quelques-uns s'en feraient
scrupule. Il en est enfin que possède l'esprit de
système, et qui n'ayant qu'une idée toujours présente à l'esprit ne sauraient avoir non plus qu'une
manière.

— Il en est qui écrivent avec l'esprit des autres, et on les lit peu ou on ne les lit point : on
aime mieux puiser à la source. Il en est qui écrivent avec leur esprit, et s'il est agréable, de
bonne qualité, leurs contemporains les lisent, la
postérité quelquefois encore. Enfin il en est qui
écrivent avec leur esprit et leur cœur, et s'ils ont
beaucoup de l'un et de l'autre, on ne cessera
jamais de les lire et de les aimer.

— La réputation d'un grand écrivain peut souffrir quelque chose des attaques de ses adversaires, mais pour la mettre en sérieux péril ce
n'est pas trop du concours de ses maladroits
amis.

— Les qualités du style, clarté, élégance, pureté, ne sont pas plus un signe assuré de vérité
que la beauté du visage ne garantit, sans erreur
possible, la beauté de l'âme et son excellence.

— Comment, si l'unité d'une œuvre d'art im-

plique vie, richesse, fécondité, celle de Dieu
pourrait-elle être abstraction, indigence, stérilité?
Au besoin les artistes feraient la leçon aux philosophes.

— L'idéal qu'on porte en soi peut quelque
chose pour embellir un tableau, une statue, mais
bien plus pour embellir une personne. La communication est alors d'âme à âme, c'est-à-dire
plus rapide et plus complète.

— Il en est qui réservent pour la solitude la
passion qui ne paraît jamais dans leurs discours,
Faibles et froids dans la discussion ils la conti-
nuent en eux-mêmes longtemps après qu'elle a
cessé ; ils l'excitent, ils l'entretiennent avec une
extraordinaire persévérance. Ils excellent alors à
se poser des objections, à s'adresser des critiques
auxquelles nul n'a jamais songé, et ils y répon-
dent avec une vivacité et un à-propos que nul ne
leur connaissait.

— Si, en présence d'un auditoire nombreux,
agité, prêt à contredire, vos idées courent, s'appellent, s'enchaînent avec autant d'à-propos que
de facilité ; si, tandis que votre âme est comme
transportée, votre intelligence demeure calme et
maîtresse d'elle-même, parlez, ne craignez pas,
vous êtes orateur.

— C'est en nous-même, au plus profond de
notre vie morale qu'il faut chercher les origines
de l'éloquence. C'est là que s'ouvre, avec les premières années de la vie, comme il a commencé
avec les premiers jours du monde, un débat à
peine suspendu par de courtes trèves : l'éternel
débat de la raison et de la passion, de la chair et
de l'esprit, du bien et du mal, de la vérité et de
l'erreur. Ce dialogue intime a précédé tous les
discours publics ; il n'est guère moins qu'eux
riche en arguments bons et mauvais, en mouvements, en métaphores. Il leur faut un théâtre et
des auditeurs : il en serait plutôt embarrassé ; on
ne les entend qu'à certains jours et à certaines
heures : c'est à peine, lui, s'il s'interrompt quelques instants. La voix de l'orateur ne peut rien
sur les âmes où le dialogue intérieur n'aurait pas
précédé et n'accompagnerait pas ses pressants
appels : le jour où il s'arrêterait, c'en serait fait
de l'éloquence.

— L'éloquence qui vit uniquement de passion
durera autant que la passion : ce n'est pas lui
promettre un long avenir. L'éloquence nourrie de
pensées solides sera, dans dix siècles, l'éloquence
qu'elle est aujourd'hui. Elle satisfait d'ailleurs la
passion qui de toutes la moins violente dans ses

effets, la moins précipitée dans sa marche, est
aussi la plus enracinée dans notre cœur, je veux
dire l'indestructible amour de la vérité.

— Qui douterait de la liberté n'a qu'à voir à
quel point Dieu la respecte dans le génie des
grands hommes, l'inspiration des poètes, l'éloquence des orateurs. Ils peuvent faire de ses dons,
sans qu'il les leur enlève, l'usage qu'ils préfèrent
et descendre aussi bas qu'il leur plaît. Il est vrai
qu'il n'a point promis d'attacher la vraie gloire à
ces abaissements volontaires, ni le respect de la
postérité à la dégradation du génie.

— Grands orateurs quand ils font honneur à la
parole n'en font pas moins à la pensée, autrement ils ne seraient pas grands orateurs. Grands
philologues quand ils scrutent les origines et
mettent à nu les racines de la parole, scrutent
les origines et mettent à nu les éléments de la
pensée, autrement ils ne seraient pas grands philologues.

— Quelques-uns de ses meilleurs amis deman-
dant un jour à Calliclès quelle différence il y a
entre la beauté et la grâce, il leur proposa pour
exemple un chêne et un lys, sur de nouvelles instances un ruisseau qui serpente à travers les

prairies et l'Océan sans limites, enfin poussé à bout Notre-Dame de Paris et la Sainte-Chapelle, puis je ne sais combien de belles et gracieuses choses empruntées à l'art ou à la nature.

On lui répondit que mille exemples ne valent pas une bonne définition, que les siens d'ailleurs ont l'inconvénient de ne point séparer nettement la grâce de la beauté. On voulait mieux, et chacun à l'envi de proposer sa définition, celui-ci disant que la beauté subjugue l'âme et que la grâce la séduit, qu'il y a plus de majesté dans l'une, plus de charme dans l'autre, celui-là que la beauté fait montre de son pouvoir et que la grâce le dissimule. Un ingénieur voulait que la beauté eût plus d'affinité avec la ligne droite, la grâce avec la ligne courbe ; un simple amateur réclamait pour la grâce une large part, presque un privilège de variété et de mouvement. Enfin un philosophe affirmait que si la grâce parle mieux au cœur, la beauté a je ne sais quels secrets rapports avec la pensée.

La seule chose dont l'on tomba d'accord après tant d'essais inutiles, c'est qu'il y a toujours de la beauté dans la grâce, et que la beauté où l'on ne trouverait pas trace de grâce, rien d'aisé, de facile, ni une délicatesse, ni un sourire, ne serait pas vraiment beauté. — « Peut-être, dit l'un des amis de Calliclès, y a-t-il entre la grâce et la beauté plus de rapports qu'on ne croit, et n'est-ce au fond qu'une même chose dans des proportions différentes et à divers points de vue. N'est ce pas déjà beaucoup, au lieu d'une définition qui nous échappe, de pouvoir ajouter au vers fameux :

Et la grâce plus belle encor que la beauté,

celui-ci qui vaut ce qu'il vaut :

La grâce sans laquelle il n'est point de beauté. »

— Chacun de nous n'a qu'une porte ouverte, deux tout au plus aux impressions qui raniment dans l'âme humaine le sentiment de la beauté ; les autres lui sont fermées ou, à de longs intervalles, seulement entre-bâillées. On compte ceux qui ont excellé, comme Michel-Ange et Léonard de Vinci, dans plusieurs arts à la fois. Ceux que la nature a faits capables d'apprécier et d'admirer, au même degré, tous les genres de chefs-d'œuvre, sont-ils bien plus nombreux ?

— Le goût de ceux qui pensent par eux-mêmes peut n'être pas moins sûr que le goût de ceux qui passent leur vie à critiquer les pensées et les discours d'autrui. Les scrupules infinis, les délicatesses maladives qui tourmentent souvent ces

derniers leur sont inconnus. L'habitude de penser
donne à leur esprit je ne sais quoi de plus libre
et de plus large. On le reconnaît au peu qu'ils
ont écrit sur les principes de l'éloquence, sur les
règles de la poésie, sur le goût lui-même. Ils
disent nettement et fortement en vingt pages ce
que les autres n'ont pas fini de dire en deux ou
trois volumes.

— Si le beau se communiquait à la fois par tous
les sens il dépasserait les forces de notre faible
nature : il l'accablerait au lieu de la charmer. Un
seul de ses rayons suffit pour faire jaillir en nous
l'étincelle : plusieurs ensemble consumeraient
notre âme au lieu de l'échauffer.

————

— Peut-on traiter du Beau comme on ferait de
la Logique, savamment, didactiquement, sèche-
ment ?

— Rien ne s'y oppose.

— Est-ce un bon moyen pour connaître le Beau
et le faire connaître ?

— C'est le moins bon de tous. Entre quatre formules abstraites (1) et quatre vers de franche

(1) Les suivantes par exemple : Le beau est ce qui plaît
universellement, sans concept. — Le beau est une finalité
sans fin. — Le beau est ce qui est l'objet d'une satisfaction
nécessaire.

poésie si le choix n'est guère douteux, le profit l'est encore moins.

———

— Partout, dans toutes les bibliothèques, le livre du jour à côté du livre dont le suffrage des siècles garantit la valeur : de même pour les œuvres de l'art. On dirait à première vue que l'agréable et le beau, la curiosité et l'amour de la vérité se partagent le monde : au fond il n'en est rien, car la mode n'a qu'un jour pour chacun de ses favoris, le jour de la vérité revient tous les jours.

— Il est des vues perçantes auxquelles n'échappe aucun détail, si petit qu'il soit, des choses matérielles ; il est des âmes bien faites qui découvrent sans effort, dans la nature et dans l'art, le moindre reflet de beauté.

— Une œuvre d'art, tableau grand ou petit, poème de dix mille vers ou de cent, peut être chose achevée et parfaite en son genre ; un système philosophique, jamais. L'œuvre d'art est création : elle se fait à elle-même son ordre et ses proportions ; le système est copie, reproduction d'un ordre qu'il n'a point fait et qu'il ne peut embrasser tout entier. Une œuvre d'art est, dans

ses étroites limites, un tout qui se suffit ; le système qui n'en veut pas avoir et ne saurait toutefois s'égaler à son objet, n'est qu'un tout artifi-
ciel, au-dessous de ses promesses et de nos
espérances. L'œuvre d'art pénètre dans l'âme par
la beauté à laquelle l'esprit, les sens, le cœur
sont gagnés d'avance ; le système n'a qu'une voie,
celle de l'entendement, étroite, difficile, semée
d'objections. Il faut pourtant l'avouer : l'impression que forme en nous l'œuvre d'art, si vive
qu'elle soit d'abord, s'efface peu à peu ; au contraire la moindre parcelle de vérité que contient
un système demeure dans l'âme et la fortifie. Il
est des philosophes, en bien petit nombre, qui
ont été à la fois artistes et penseurs ; ils ont décrit
et ils ont créé, décrit l'œuvre de Dieu et créé une
œuvre belle. On les aime comme on aime des
poètes inspirés, et cet amour, indulgent comme
tous les amours pour les imperfections qu'il néglige, s'attache avec plus de force et enchaîne
notre âme aux vérités dont il est épris.

— Des œuvres de l'art les unes sont belles par
quelques-uns de leurs éléments, invention puis-
sante, imitation parfaite, harmonie du style ou
des sons, vérité des couleurs ou des caractères ;
les autres le sont par le tout et le dernier effet
qui est de nous rendre meilleurs après nous avoir

charmés. L'usage a prévalu de dire des unes et
des autres qu'elles sont belles : la vérité est qu'elles le sont très inégalement, mais il s'en faut que
tout le monde s'en aperçoive.

— Il convient de distinguer dans les œuvres de
la nature et dans celles de l'art, dans les sociétés,
les institutions et les lois, une simplicité appa-
rente et une simplicité réelle, une simplicité de
début et une simplicité d'achèvement, une simplicité d'ébauche et une simplicité de perfection.
Les deux se voient partout et dans tous les siècles. Que d'éléments il faut, que de ressorts, que
de combinaisons savantes, et quelle harmonie,
quel jeu facile de toutes ces choses pour qu'il y
ait simplicité véritable. Plusieurs s'y trompent, et
pour n'avoir pas regardé d'assez près ils nom-
ment simplicité ce qui est seulement indigence et
nudité.

— Il faut que la beauté de l'art soit comme
celle de l'âme, sinon sans imperfection, du moins
sans souillure.

— On a vu, de nos jours, des artistes et des
écrivains affirmer en de pompeux discours que
l'Idéal est inutile, qu'ils sauront bien s'en passer.
Ils n'avaient que faire de le proclamer si bruyam-

ment : il suffit de regarder à leurs œuvres pour s'assurer qu'ils ont dit vrai, mais on n'y regarde pas deux fois.

— La liste serait longue, au dix-neuvième siècle, de ceux qui n'ont pas eu contre la vanité du talent ou l'orgueil du génie, le remède du sourire socratique ou celui de l'humilité chrétienne. Ils ont manqué tout ensemble de la philosophie qui se connaît et de la foi qui connaît Dieu. Si leur nombre est si grand c'est que la merveille devient de plus en plus rare de perdre sa foi et de sauver sa philosophie.

— Beauté de l'Évangile, beauté familière et sans apprêt, à peine beauté pour les esprits étroits, épris de la forme et des apparences sensibles ; beauté d'ordre supérieur pour ceux dont l'âme libre de préjugés s'ouvre largement à ce doux et sublime langage. Beauté tellement beauté qu'elle engendre à l'infini les belles actions, les beaux sentiments, les belles pensées, et qu'après avoir donné naissance, depuis deux mille ans, aux plus beaux chefs-d'œuvre de la poésie, de la musique, de l'architecture, de l'éloquence, de la peinture, elle n'a rien perdu de sa puissance créatrice.

— Sol, race, milieu, climat, éducation, in-

fluences et puissances de tous les noms, nul ne
songe à contester votre force, et pourtant il y a
quelque chose de plus fort que vous, c'est l'âme
du grand artiste telle que Dieu l'a faite. Si vous
lui prêtez il vous rend, si vous lui donnez il
vous comble, si vous l'enchaînez il vous échappe,
si vous essayez de le faire à votre image c'est lui
qui vous marque au sceau de son génie.

— *Pensée, création*, deux sommets de l'art,
deux caractères qui n'ont manqué à aucun chef-
d'œuvre. Pensée suppose toutes les facultés de
l'âme en exercice et en concours, suppose pénétration, science, intelligence, ordre, unité. Création suppose pensée, liberté, amour, puissance.
Les perfections de l'art nous aident à comprendre
ce qu'il y a de plus grand dans notre âme, et nous
révèlent l'acte qui, en Dieu, résume sa vie et ses
attributs.

CHAPITRE VI.

L'Histoire.

— Il manque au passé quelque chose, si bien passé qu'il soit et incapable de renaître, tant qu'il n'a pas son historien. Plus loin que les faits, le pouvoir de celui-ci s'étend jusque sur les pensées. Il les ranime au souffle de sa propre pensée, et ni le présent, ni le passé n'ont toujours lieu de s'en plaindre.

— Exposer scrupuleusement et minutieusement les faits tels qu'ils ont eu lieu c'est, en histoire, le premier degré de l'exactitude, mais ce n'en est que le premier degré. On l'achève en décrivant les caractères, en sondant les intentions, en ex-

9

pliquant les desseins de ceux qui ont, par leurs passions, leur volonté, leurs pensées, préparé, retardé, accompli, précipité les faits décrits avec tant de soin. La première exactitude convient aussi bien au botaniste et au géologue; la seconde est propre aux historiens, ou plutôt sans elle il n'y a pas d'histoire.

— Entre les historiens si certaines qualités secondaires déterminent les autres rangs, c'est la pensée qui donne le premier : non celle qui soutient des thèses, qui discute, qui déclame, mais celle qui prend sur le fait et nous dévoile la vraie nature de l'homme,— celle qui, sans y songer et surtout sans y prétendre, est un auxiliaire puissant de la philosophie.

— La méthode est comme un levier dont le point d'appui est dans la nature, s'il s'agit uniquement des phénomènes de la nature, — dans l'âme de l'homme, s'il s'agit de faits purement humains, — dans l'Infini, chaque fois qu'on veut avoir le dernier mot d'une question relative à l'homme ou à la nature. On comprend dès lors qu'un contemporain illustre ne soit point parvenu, dans l'ordre philosophique, à dresser de toute leur hauteur les faits qu'il avait recueillis et décrits avec tant de soin. Mais on comprend aussi qu'il

ait, au seul point de vue de la nature humaine
observée et dépeinte avec une rare perfection,
donné au monde une Histoire que nul ne sera
tenté de refaire après lui.

— Ce n'est pas seulement dans la poésie, l'éloquence et les arts, c'est dans l'histoire elle-même
que la pensée manifeste sa vertu créatrice. Que
sont les faits d'une même époque, d'une même
guerre, accomplis çà et là, sur divers théâtres, à
des distances souvent considérables, dont ceux-
ci n'ont vu qu'un moment, ceux-là qu'un détail,
que bien peu ont vus dans leurs liaisons et leurs
causes, que la plupart se sont empressés d'oublier; que sont-ils dans leur éloignement et leur
confusion avant que l'histoire leur ait donné un
corps et une vie ?

J'oserais dire que, sans y rien ajouter, l'histoire
pourtant les achève, car ils reçoivent d'elle l'unité,
la lumière, la durée. Où vivent-ils maintenant
sinon dans notre mémoire ; et qui les y a mis, les
y conserve et en rafraîchit le souvenir, à mesure
qu'il s'efface, sinon l'historien ? Ce n'est pas à
l'heure où les événements s'accomplissent qu'ils
sont le mieux connus et le plus exactement jugés.
La postérité seule a le privilège de les apercevoir
dans leur suite et dans leur ensemble : ce privilège elle le doit à l'histoire. Les peuples anciens

qui n'en ont pas eu sont aujourd'hui pour nous
comme s'ils n'avaient pas été.

— Il en est des peuples comme de la pensée ;
pour qu'ils se forment et pour qu'ils grandissent,
il leur faut le concours de l'élément supérieur et
divin : religion , lettres, arts, philosophie.

— Une grande nation est, en un sens, comme
une œuvre d'art à laquelle travaillent de concert,
durant de longs siècles , Dieu et les hommes.
Après avoir parcouru jusqu'à la dernière toutes
les phases de sa vie , croissance, apogée , déclin, elle se survit dans l'Idéal que Dieu avait
proposé à ses chefs, à ses grands hommes, et
qu'avec plus ou moins de bonheur ils ont réalisé
dans leurs pensées, leurs desseins et leurs œuvres.

— Quel temps , dit-on , quel siècle infortuné et
heureusement loin de nous ! Que de batailles,
d'assassinats, d'épidémies, de calamités de toute
sorte ! Comment un seul homme a-t-il pu survivre
à de tels massacres ! — Ces temps d'une si rare
et si lamentable fortune en réalité ressemblaient
beaucoup à notre temps et à tous les temps. Les
historiens ne racontent ni la paix qui ne diffère
jamais d'elle-même, ni le bonheur des peuples

qu'on peut raconter en quelques lignes. Ils s'inquiètent surtout des événements fameux auxquels
beaucoup de violences sont toujours mêlées.
Comme ils franchissent, sans en rien dire, les
intervalles qui les séparent, nous finissons par
croire que ces intervalles n'ont pas existé.

— On ne voit pas mourir le même jour, avec
les croyances religieuses d'un peuple, les mœurs
que ces croyances ont lentement et laborieuse-
ment formées. Elles l'aident à subsister quelque
temps encore, comme les épis et les fruits mûris
par l'été entretiennent la vie de l'homme durant
la saison des froids. Que le printemps tarde à renaître, c'est la gêne, c'est la souffrance ; ce serait
la mort s'il ne reparaissait plus.

— L'histoire est souvent comme ces montagnes
qui, vues de loin, semblent tout d'une pièce et
d'une majesté triste et sombre. Les frais vallons,
les délicieuses retraites qui se cachent dans leurs
flancs sont connus des littérateurs et des poètes :
les historiens y ont rarement pénétré.

— Il ne faut pas demander à un historien d'oublier entièrement son temps, ses opinions, son
pays : les plus beaux génies et les plus libres
n'ont pas été jusque là. Mais s'il lui est permis

de songer à ses contemporains qu'il n'oublie pas non plus la postérité. Les passions des hommes changent d'objet, leurs opinions se transforment : ce qui demeure c'est le fond de notre nature, ce qui ne change point c'est la vérité.

— Le vrai présent, le présent dont l'historien doit surtout ambitionner le suffrage n'est point celui qui s'écoule et n'est déjà plus : c'est celui qui, présent au passé dont il écrit l'histoire, ne sera pas moins présent à l'avenir pour lequel il l'écrit.

— Les uns ne voient pas les abus, tout les satisfait : ils ont peu de pénétration. Les autres ne voient que les abus, ils s'indignent, se scandalisent, s'emportent : leur pénétration, pour être plus grande, n'est pas sans défaut. Un petit nombre voient les abus, leur correction possible, leur place dans le tout : ceux-là voient juste. Tous ont également dans l'esprit l'idée du bien parfait, mais les premiers croient que son règne est arrivé, les seconds qu'il est détruit, les derniers qu'il est ce qu'il peut être dans des sociétés faites par des hommes et gouvernées par eux.

— L'opinion publique s'est émue : elle a, par la voie des journaux, porté cette question à la

Chambre. La Chambre saisie par elle a nommé des commissaires pour faire enquête ; les commissaires ont chargé l'un d'entre eux de résumer les débats et de rédiger un rapport. C'est donc toujours, et pour tout conclure, un seul qui pense avec toutes les conditions de la pensée. Il donne aux autres le dernier mot des idées qu'ils ont vaguement dans l'esprit.

— La mesure n'est point la force, mais elle la fait durer et l'applique où il convient.

— Tenez-le pour très clairvoyant s'il sait, avant l'heure des revers, discerner sûrement ses amis et les amis de sa fortune.

— Épigraphistes, archéologues, chercheurs de tous les noms et de toutes les écoles, fouillez les archives, déchiffrez les vieux manuscrits, compulsez et comparez, interrogez les langues, les lois, les chartes, les médailles, les monnaies, les inscriptions, les monuments, préparez avec autant de méthode que de constance les éléments de l'histoire, mais gardez-vous de l'écrire, si vous n'avez d'abord étudié et si vous ne connaissez l'âme humaine : vous rédigeriez des Annales, vous n'écririez pas l'Histoire.

— Les matériaux de l'histoire ne sont pas plus

l'histoire que les éléments du monde n'étaient le monde avant que le souffle créateur leur eût donné, avec la vie, l'unité, l'harmonie, la beauté.

———

— Des esprits inquiets auxquels ne suffisent point les misères de leur temps et de leur pays, quand ils en ont dressé le catalogue réel ou imaginaire, ébauchent au moins celui du plus lointain avenir. — « Quelle folie est la nôtre de prêter à l'Empire chinois nos officiers pour former ses soldats, nos ingénieurs pour remplir ses arsenaux ! Que deviendrons-nous quelque jour, si des millions d'hommes courageux, disciplinés, bien commandés, viennent fondre sur l'Europe et venger tant d'injures qu'ils ont reçues depuis un siècle ? »

— Ces millions et ces millions d'hommes pensent-ils mieux que nous ? Ont-ils une religion plus vraie, une morale plus pure ?

— Nul n'oserait le prétendre.

— Cessez dès lors de les craindre. Quelques victoires, à supposer qu'ils en remportent, ne feront jamais qu'ils deviennent vos maîtres. Perdez au contraire votre foi et vos mœurs, abaissez votre pensée au niveau de la leur, je ne réponds plus de rien.

———

— Les ambassadeurs des Mégalopolitains vinrent un jour trouver Pythagore pour qu'il les con-
seillât au sujet d'un mal étrange dont leur ville
était tourmentée. Tous les citoyens, sans distinction d'âge et de fortune, uniquement occupés de
penser au bien public, d'en parler dans leurs maisons, d'en discourir dans leurs assemblées n'a-
vaient plus qu'un souci : supprimer ou changer
les lois anciennes, en promulguer de nouvelles
toujours plus parfaites. Mais, — résultat qu'on
n'attendait point, — plus on amendait les lois,
plus la Cité, au lieu d'en tirer avantage, continuait
à languir. Les négociants se répandaient en
plaintes amères, les agriculteurs songeaient à les
imiter, les unions légitimes devenaient moins
nombreuses.

On avait tout fait pour remédier à un état de
choses aussi inquiétant. On avait pour toujours
renoncé aux entreprises lointaines ; on parlait,
pour soulager les finances publiques, d'abandonner quelques colonies d'une médiocre impor-
tance ; on avait, suprême ressource, diminué
le nombre des fêtes et des sacrifices. Rien n'y faisait : tout allant de mal en pis, on résolut de
s'adresser à Pythagore.

La réponse du philosophe fut à peu près celle
qu'on va lire, et elle ne laissa pas, en son pre-

mier point surtout, d'étonner les ambassadeurs.
« Pensez avec moins d'ardeur et d'un effort
moins soutenu, leur dit-il, variez l'objet de vos
pensées, permettez que le temps et les leçons du
temps exercent sur elles une légitime influence.
Vous verrez mieux, vous verrez de plus loin :
votre esprit ne tardera pas à recouvrer la force,
la netteté, la pénétration qu'on admirait autrefois
en lui. » Il les engagea ensuite, et sur toute
chose, à vénérer le Dieu tout-puissant, à respecter
les magistrats et les lois, à entourer leur ville de
solides remparts, mais à vivre de préférence à la
campagne, au milieu de leurs métayers, à n'abandonner aucune de leurs colonies, à en fonder
même de nouvelles, s'ils le pouvaient sans éveiller la jalousie de leurs voisins, dans les climats
les plus tempérés et les terres les plus fertiles.
Il leur promit que plus nombreux seraient les
colons volontaires, plus s'augmenterait la popula-
tion de la mère-patrie, plus les mariages s'y mul-
tiplieraient, plus son commerce prendrait d'ex-
tension. Un des meilleurs remèdes à cette
agitation stérile de la pensée si différente de son
activité féconde c'était, selon lui, d'appliquer à
des entreprises pacifiques les forces que l'on con-
sumait en pure perte depuis tant d'années, quand
on ne les tournait pas contre soi-même.

Pythagore oubliant, pour cette fois, la règle du

silence, donna aux ambassadeurs bien d'autres
conseils qu'il est inutile de relater ici. La ville qui
avait fait les frais de leur voyage ne voulut pas en
perdre le fruit. Elle appliqua avec prudence les
conseils du philosophe et devint, en peu d'années,
une des plus riches, une des plus florissantes
cités de la Grande-Grèce.

— Qui tranchera le différend entre les Chinois
et nous qui nous appelons tour à tour, et à qui
mieux mieux, barbares ? — Le trafic ? — Il n'est
pas toujours, témoin l'opium, à l'honneur de notre
civilisation. — La guerre ? — Elle est commune
aux civilisés et aux barbares. — Ce sera la foi et
la charité : elles n'appartiennent qu'à la vraie civilisation.

— Il est des villes qui grandissent peu à peu
durant de longs siècles, dont les rues, les édifices
et nombre de maisons particulières ont une histoire, rappellent un événement, un sentiment, une
pensée : ce sont des villes au sens complet de ce
mot. Il en est d'autres qu'on bâtit en vingt ans,
San-Francisco, Melbourne, qu'on achève en un
siècle, où les rues s'ajoutent aux rues, les maisons aux maisons, sans autre inspiration que
celle de la nécessité présente et d'une ligne droite
inflexible. Celles-là pourront devenir plus tard des

villes, quand des pensées y auront germé, quand des souvenirs s'y seront attachés et qu'elles auront une histoire : pour l'heure elles ne sont que des rues et des maisons.

— Les ruines des monuments survivent aux monuments, mais rien ne survit aux ruines que le désert et le silence. A moins qu'un poète ému de cette lamentable fortune ne nous fasse souvenir qu'il y avait là des ruines, mais que ces ruines même ont disparu : *etiam periere ruinæ*. C'est tout ce qui reste de ce peuple et de sa grandeur à jamais évanouie qu'une brève pensée dans un demi-vers immortel.

— L'exercice de la pensée ne doit absorber ni un homme, ni un peuple, mais un homme et un peuple tiennent d'autant mieux leur rang dans le monde que la pensée, chez l'un et chez l'autre, remplit plus exactement sa fonction de gouverner les sens, d'élever et de purifier les sentiments, de tempérer l'imagination.

— L'auteur d'un article intéressant (1) sur la vie et les œuvres de l'historien Thomas Carlyle établit fort solidement que celui-ci croyait en Dieu

_____

(1) *Bibliothèque universelle* et *Revue suisse*. — Août 1881.

d'une foi inébranlable, mais qu'il n'aimait pas
du tout les hommes. Au résumé le portrait qu'il
en trace est celui d'un parfait égoïste. Il approuve
qu'on ait souvent, pour le mieux faire connaître,
nommé son héros le dernier des Puritains. Le
dernier..... ce n'est point là qu'est le mal, si le
portrait est ressemblant. Mais les Puritains ne
méritent pas cette injure : quelque peu d'orgueil
à la manière stoïcienne joint à quelque dureté et
à quelque opiniâtreté janséniste n'avait pas, j'imagine, totalement détruit en eux le christianisme et
la charité.

— Depuis qu'on ne flatte plus les rois, on flatte
en France les poètes, les romanciers, les historiens : moins connus de la foule les philosophes
ne se flattent qu'entre eux et avec discrétion. Les
rois, sous l'influence de la flatterie, changeaient
de caractère; les poètes et les historiens changent
de convictions et de pensées. Ils se démentent,
se contredisent, condamnent leur propre passé
et flattent à outrance le présent qui les flatte. Pensent-ils mieux depuis que le moindre souffle populaire change, à son caprice, la direction de
leurs pensées !

— Pour qui considère avec quelle rapidité les
civilisations succèdent aux civilisations, les dé-

clins aux apogées, les apogées aux déclins, il est
difficile de croire que l'humanité soit aussi vieille
qu'on l'affirme en certains livres. Ce qu'on voit
de ses œuvres dans le passé, des plus petites
comme des plus grandes, et non seulement de ses
œuvres mais des moindres traces de son passage,
ne fait pas encore une telle somme, ni de quoi
remplir tant de siècles. Il faudra bien qu'on ra-
batte de leur multitude si l'on veut que chacun
d'eux contienne quelque chose.

— *Age de pierre, âge de bronze, âge de fer :*
grandes promesses, faibles résultats. Où sont les
faits précis, les noms propres, les lois, les mœurs,
les passions, les pensées? Où est l'homme? Où
est l'histoire? Rendons à la poésie ce qui lui
appartenait à l'origine et n'a point, jusqu'à nouvelle enquête, cessé de lui appartenir.

— Gardez-vous de dire : *période de pierre, ha-*
meau lacustre; dites : *âge de pierre, cité lacustre.*
Ne voyez-vous point que ces termes font rêver
aussitôt de siècles et de palais. Ceux qui les ont
employés les premiers savaient bien le pouvoir
de l'imagination, et qu'elle transforme aisément,
sous l'influence d'un mot bien choisi, les années
en siècles, des pieux en colonnes, de misérables
cabanes en de vastes cités.

— Mille pierres taillées sur mille modèles ne valent pas, pour l'histoire, le bloc de pierre grossier auquel un homme, un de nos semblables, a confié en une ligne, en deux mots, l'expression d'un sentiment, d'une admiration, d'un regret, d'une pensée.

— On a beau fouiller tous les jours plus de sépultures, déchiffrer plus d'inscriptions sur brique ou sur pierre, en Égypte ou en Assyrie, descendre plus avant et faire pénétrer plus de lumière dans l'histoire de l'Inde ou de la Chine, allonger sans fin l'interminable liste des rois, des dynasties, des guerres, des traités, des invasions, des défaites, des victoires, découvrir même d'autres mœurs, d'autres inventions, d'autres lois, on ne découvre pas une autre nature humaine. Elle est là, dans sa réalité, dans son fond, telle que les historiens et les poètes nous la montrent dès l'origine, telle que nous la voyons autour de nous. Tant de siècles qui ont renversé tant d'Empires et changé tant de choses n'y ont rien changé d'essentiel.

— En présence de ces flèches, de ces dards, de ces anneaux, de ces haches, dans ces stations, comme on les appelle, où l'homme n'a laissé que

des traces matérielles de son passage, la pensée
interroge, sonde, s'épuise, s'égare. Comme la
moindre petite inscription serait la bienvenue !
Combien elle lui rendrait de services et lui épar-
gnerait d'hypothèses ! Mais une inscription, c'est
une langue, c'est la parole assouplie, aux ordres
de la pensée, c'est une civilisation. Dès lors l'histoire apparaît avec la précision des faits, des
noms, des dates, et les âges, qu'ils soient de
pierre, de bronze ou de fer, les âges s'évanouis-
sent.

— Entrons ensemble dans le cabinet où Pélécydiphile (1) a concentré sa vie, son bonheur, ses
espérances. Point de bibliothèque : quelques
rares volumes sur un bureau couvert de papiers.
En revanche le long des murs qu'ils tapissent du
plafond au plancher, de petites haches en pierre,
des couteaux en pierre, des vases en pierre ;
partout la pierre taillée, aiguisée, creusée, amin-
cie, polie, arrondie, se faisant tour à tour manche
ou couteau, flèche, dard, lance, épée, faucille,
instrument de culture ou de cuisine, prenant
toutes les formes pour tous les besoins imagina-
bles. Çà et là seulement, comme pour séparer les
classes et distinguer les régions, quelques débris

(1) Celui qui aime les petites haches.

de mâchoires, quelques fémurs, quelques ossements d'une origine aussi incertaine que leur structure. Nulle trace de bronze ou de fer : c'est un monde à part que d'autres savants, s'il leur plaît, pourront exploiter à leur guise.

Pélécydiphile est là dans son milieu, dans son empire, comparant, classant, décrivant, étiquetant les silex qu'on lui envoie de tous les points de l'Europe et du Nouveau-Monde. Il lui reste à visiter encore une ou deux cavernes récemment découvertes, où il espère faire ample provision de documents destinés à enrichir sa grande Histoire. Le premier volume est déjà fort avancé ; encore quelques mois et vous pourrez, s'il vous prend fantaisie, le lire et l'étudier tout à l'aise.

Peut-être vous demanderez quelle histoire Pélécydiphile a entrepris d'écrire, en faveur de quel peuple, de quel siècle il s'est livré à ces minutieuses recherches. Il s'agit bien, en vérité, de peuple, de chronologie, de géographie, ou de la fastidieuse histoire qui raconte les événements, juge les hommes, leurs intentions, leurs actes, décrit les institutions et les mœurs, constate le progrès ou la décadence, en découvre, à force d'attention, les causes cachées. Tout cela était bon pour nos simples aïeux qui s'imaginaient trouver plaisir et profit à la lecture d'Hérodote, de Thucydide, de Xénophon, de Polybe, de Tite-

Live, de Tacite, pour ne point parler des modernes. Notre ami n'a que faire des dates, des lieux, des noms propres, de toutes ces précisions aussi gênantes que superflues. Son livre s'en passera bien et n'en sera pas moins bon.

Pélécydiphile, avec le seul secours de ces petites haches, de ces menus objets, joignez-y quelques fémurs et quelques crânes, raconte en son entier, dans toutes ses phases, depuis sa naissance jusqu'à sa fin, l'âge de pierre, rien que l'âge de pierre, sans le moindre mélange de fer ou de bronze : il écrit l'histoire avant l'histoire. Convenez qu'il a le champ libre, et qu'on ne saurait travailler plus à l'aise, en matière qui se prête mieux. Il est vrai que nous n'avons pas promis, vous et moi, de l'en croire sur parole, ni surtout de délaisser, pour une histoire où l'imagination tient une si belle place, la véritable histoire, celle de l'homme, de son âme et de sa pensée.

— Ils font sagement d'écrire de savants ouvrages sur l'histoire et les Constitutions des premiers, des plus anciens États de la Grèce. Ils font sagement d'en recommander l'étude à leurs élèves pour qu'ils deviennent mieux que des savants, des citoyens. Mais pourquoi s'occupent-ils si peu des États et des Constitutions qui naissent et se forment sous nos yeux, pour la dernière

fois peut-être de l'histoire, en terre vierge, avec
toutes les ressources de la liberté, de la civilisation et de l'espace ? Peut-être allons-nous dire une
chose étrange, mais il nous semble qu'un voyage
à Sydney, à Adélaïde, à Melbourne, dans la
Nouvelle-Zélande, ne serait pas sans quelque
profit pour l'histoire d'Athènes, de Tyr ou de
Carthage.

— Ce qu'il y a d'épicurisme latent au fond des
sociétés modernes on s'en aperçoit seulement
quand le christianisme s'en retire, et à mesure qu'il
s'en retire. C'est bien peu pour réparer ces pertes,
pour combler ce vide immense, qu'un stoïcisme
de plus en plus rare, et tout en pompeuses paroles. C'est bien peu qu'un sens commun battu
en brèche tous les matins, à toutes les heures du
jour et du soir, par la multitude infinie de tous les
sophismes, de tous les à peu près, de toutes les
idées fausses, vagues ou confuses, constamment
aux prises avec les intérêts et les plaisirs d'une
civilisation qui a plus vite accru nos désirs que
les moyens de les satisfaire. C'est bien peu même
qu'une foi à Dieu et à la vie à venir dont les racines sont si étroitement entrelacées dans nos
âmes avec celles du christianisme, qu'arracher
les unes c'est, du même coup, détruire les autres.
Nos sociétés vivent du christianisme non seule-

ment par la foi qu'il communique, mais par le milieu qu'il établit, par l'air qu'il fait respirer. Qu'il se retire ou qu'on le chasse, c'est une lente décomposition qui commence et ne s'arrêtera plus.

— Il se fait dans le monde, à certains moments, un grand bruit de paroles, de brochures, de journaux, de discours. C'est comme un vent impétueux qui se déchaîne, et quelques-uns de dire : « C'est le souffle de la pensée : attendez qu'il soit passé et vous verrez quelle moisson ! » — Le souffle passe, le bruit s'apaise et rien ne paraît de plus qu'auparavant. Ce sont les passions excitées, les intérêts alarmés, les appétits aiguisés qui occasionnaient ce grand tumulte : la pensée n'y était pour rien. Quand elle s'élève c'est sans bruit, quand elle s'avance c'est sans pompe : mais en revanche où elle a passé sa trace est durable, quelquefois ineffaçable.

———

— Qui nous délivrera de cette religion bonne pour les peuples enfants, de ces philosophes dont toutes les théories et tous les raisonnements n'aideront jamais à bâtir une ville ou une maison ? Ce superflu gênant ne cesse de nous arrêter dans la voie du progrès.

— Ce superflu gênant c'est la pureté de vos

mœurs, c'est la force de vos institutions, c'est la
sécurité de votre vie, celle de vos frontières. Vous
pouvez sans lui bâtir des maisons, on ne les ha-
bitera pas longtemps et dignement sans lui, —
construire des remparts, on ne les défendra pas
sans lui, des palais, on les brûlera s'il n'y est pas.

———

— Enquêtes ouvertes, délaissées, reprises sur
les hommes et les événements du passé, sur les
causes, les intentions, les circonstances ; appréciations contraires des historiens, jugements
cassés ou réformés qu'on croyait définitifs ; faveur
et discrédit, louanges et malédictions par lesquelles passent tour à tour les contemporains illustres,
tout nous prouve que si l'homme porte en lui la
règle de bien juger, bien juger n'en est pas moins
difficile et rare. La grandeur de son intelligence
se fait voir en ce qu'il sait la loi, sa misère en ce
qu'il ne sait point l'appliquer : l'ignorance l'en
empêche ou la passion. Celui-là seul juge en vérité qui est toute vérité ; les jugements des autres
ont toujours quelque point faible et réformable.

— LA CITÉ ANTIQUE : beau titre d'un beau livre,
bien à la française, avec idées générales assez
nettes et assez nombreuses pour éclairer d'une

vive lumière l'espace de tant de siècles : grand
profit pour la mémoire et l'intelligence. — Trop
d'unité, dit-on, trop idéale et trop parfaite. —
Aimeriez-vous mieux que l'auteur se fût égaré, et
qu'à sa suite il nous eût perdus dans le labyrinthe
des détails? Qui les saura bien, et surtout qui les
retiendra et les comprendra s'il n'a recours à
l'unité : il la faudrait faire, si d'elle-même elle ne
s'imposait. Or, celle-ci est, en histoire, la plus
vraie de toutes, et bien plus ancienne que son
nom si simple et si heureusement trouvé. *Cité
antique, Société chrétienne, Cité de Dieu, les deux
Cités,* noms d'Idées éternelles, au sens platoni-
cien du mot, noms qui partagent le temps, l'espace, l'histoire, le monde présent, le monde à
venir lui-même, suivant les grandes lignes du
plan divin.

— Les grands États (leur grandeur n'est pas
toujours en rapport direct avec l'étendue de leur
territoire) ont comme une pensée intime qui les
inspire. De cette pensée maîtresse, dont la multitude n'a qu'une sourde conscience, naît une suite
de desseins que ses chefs conçoivent et dont ils
embrassent la suite et les rapports. Petits États,
ceux qui n'ont pas de pensée propre et se bor-
nent à concourir à la pensée de leurs voisins. La
marche de l'humanité, à y regarder de près, res-

semble à celle d'une pensée qui se développe et
que représentent tour à tour les Empires, comme
Bossuet les nomme avec raison. Chacun d'eux
tient quelques années ou quelques siècles le
flambeau qu'un autre lui prend des mains, et qui
ne s'éteint point. Rarement plus d'une lumière
principale à la fois. La question si souvent agitée :
Où vont les peuples ? pourrait donc se ramener à
celle-ci : Où va la pensée ?

CHAPITRE VII.

Les Sciences.

— Il faut des principes à ceux qui nient les principes. Ils ne seraient point sûrs que nulle raison ne préside à l'univers, où toutes choses se transforment incessamment sans le savoir et sans savoir pourquoi ; surtout ils craindraient de n'en point persuader les autres, s'ils n'affirmaient que cela se fait par des principes dont le nombre s'accroît avec les progrès de la théorie, et dont la valeur est au-dessus de la discussion. L'absolu, l'universel ne sont jamais exclus qu'en paroles : le décret qui les proscrit est toujours suivi d'un décret qui leur enjoint de rentrer.

— La science de l'univers qui nous semble

infinie n'est rien auprès de la science de l'homme qui n'est qu'un point dans l'univers. Il se peut que la première arrive, après de longs siècles, à être complète : la seconde jamais. Ne serait-ce pas que l'homme porte, dans sa petitesse, quelque chose de plus grand que l'univers ?

— Corps simples : fond commun mais inanimé de la nature et de la vie, quelque chose comme les catégories et les concepts dans le monde de la pensée. Ni la nature ne saurait se passer des uns, ni l'esprit humain des autres. Et pourtant qui ne connaîtrait qu'eux ne connaîtrait ni la nature, ni la pensée.

— *Matière du monde* n'explique point le monde, sa cause et ses origines ; *matière cosmique* pas davantage, mais sonne mieux à l'oreille, avec je ne sais quel air de dire infiniment plus, bien qu'il dise exactement la même chose.

— Il faut au monde visible, pour qu'il soit tout ce qu'il peut être, le concours de nos sens et de notre esprit. La nature sans l'homme et la nature avec l'homme n'est point du tout la même nature. Il lui manquerait, si nous n'y étions pas, plus qu'un spectateur, une partie d'elle-même.

— Ou le phénomène existe par lui-même, ou il

est le phénomène de quelque autre chose, c'est-
à-dire qu'il n'est, dans aucun cas, le pur phénomène que le phénoménalisme a rêvé.

— Si les phénomènes ne se distinguent pas les
uns des autres, il n'y a ni science, ni étude possible des phénomènes ; s'ils se distinguent, c'est
qu'il existe un ordre des phénomènes, un espace
qu'ils occupent, un temps où ils s'écoulent. Par
cette brèche ouverte la raison, avec ses principes, va passer tout entière.

— Si la beauté du monde se prépare dans l'ordre et l'harmonie de ses mouvements elle s'a-
chève dans notre âme.

— Comète, qui après avoir effleuré notre monde
et captivé nos regards, vous enfoncez de nouveau
dans l'immensité des cieux, vous n'emportez pas
avec vous le secret de l'Infini : il est resté dans
notre âme; vous en avez seulement ranimé le
souvenir.

— Pourquoi vouloir, par un prodigieux mais
inutile effort, transporter tour à tour à la Matière,
à la Force, à la Nature, à la Science elle-même
ce qui n'appartient qu'à Dieu ? Ce que vous n'espérez plus détruire, n'essayez point de le dépla-

cer : vous n'y réussiriez pas mieux. Celui qui
Est, l'Infini peut seul porter les attributs de
l'Infini.

— Tant que vous fassiez analyser, composer,
décomposer, combiner, classer, décrire de matière
à ces enfants, s'ils n'ont pas d'autre culture ils
ne deviendront jamais des hommes. C'est au contact des esprits supérieurs que les esprits s'éclairent et se développent ; c'est dans le commerce
des âmes d'élite que se forment les âmes. La
meilleure école pour apprendre à penser sera
toujours celle des maîtres de la pensée.

— Si Tribolithe (1) se contentait de courir par
monts et par vaux, sondant les rochers, recueil-
lant les cailloux qu'il rencontre et qui ont tout l'air
de n'être point des cailloux comme les autres,
s'il se bornait à en remplir son cabinet de travail,
les chambres voisines, la maison entière, Tribolithe n'aurait, après tout, qu'une inclination loua-
ble, une passion tout à fait inoffensive. Tout au
plus sa femme et ses enfants pourraient se plaindre que, dans leurs fréquentes promenades aux
alentours de sa petite ville, Tribolithe les charge,
outre mesure, des trésors que son œil exercé ne

(1) Casse-caillou.

cesse de découvrir, que sa main avide s'empresse
de saisir avant qu'un autre les lui dérobe. Où le
mal commence, c'est quand Tribolithe à qui la
nature n'a pas refusé un certain talent pour classer et collectionner, peu content de ce rôle modeste, se fait polémiste et philosophe. Il interroge
ces pierres trop longtemps muettes ; il leur demande de lui révéler leur origine, celle de la
terre, de l'univers entier. Il s'entretient avec elles,
il les fait parler comme il pense, il daigne parfois
nous apprendre ce qu'elles lui ont dit de leur
voix la plus claire et la plus intelligible. Dans un
langage qui n'appartient qu'à elles et que lui seul
entend, elles l'ont entretenu de force immanente,
d'atomes vagabonds, de matière cosmique, d'éternel devenir : jamais, au grand jamais, elles ne
lui ont nommé Dieu. La foi de Tribolithe dans ces
révélations mystérieuses est profonde, absolue,
inébranlable. On raconte qu'un jour on l'entendit,
— il se croyait seul — adresser à son marteau
de géologue qu'il tenait à la main et regardait
fixement, l'allocution suivante :

« Qui le dirait, petit marteau, que tu aies fait
de si grandes choses et que tu en prépares de
plus grandes encore ! Toi, si faible en apparence,
tu as seul et sans aide brisé, broyé, pulvérisé,
combien de préjugés, combien d'erreurs.... moi-
même je ne les saurais plus compter. D'un seul

coup, bien appliqué j'en conviens, tu as réduit à
rien, à moins que rien, la chimère de la création;
tu leur en feras voir bien d'autres..... »

Arrêtons-nous : aussi bien le langage de Tribolithe commence à devenir vulgaire : son marteau
d'ailleurs n'est ni si méchant ni si redoutable.
Qu'il continue à casser des cailloux, c'est ce qu'il
a de mieux à faire. Quant au roc vif il fera bien
de n'y point toucher : il a usé des marteaux plus
durs et plus forts que le sien.

— La loi que vous avez découverte entrera plus
tard comme élément, à sa place et pour sa part,
dans la science totale du monde et de ses lois.
Pourquoi voulez-vous, Hermogène, contre toute
expérience et toute raison, qu'elle soit la loi
unique et universelle? Craignez qu'on ne vous
en croie sur parole, et de faire à votre découverte
une trop brillante et trop rapide fortune. Craignez
l'engouement public suivi tôt ou tard du dédain
public, l'un et l'autre également nuisibles à la
science véritable dont ils retardent le progrès.

— Attendez, pour mesurer l'impétueux Darwin,
que ses flots gonflés par l'éphémère tribut de
mille petits ruisseaux qui se dessèchent l'un après
l'autre, soulevés par la violence des vents qui
s'apaise, soient enfin rentrés dans leur lit. Au

lieu du rapide et limoneux courant qui vous éton-
nait, admirez ce filet d'eau limpide qui, d'une
pente facile et d'un doux murmure, se rend à
l'Océan de la Science.

— Les savants dont j'admire avec vous, Ono-
macrite, le talent et les découvertes sont si éloi-
gnés de nier la perfection qu'ils en font hommage
à chacune de leurs lois nouvelles, si désireux de
l'atteindre qu'ils ne cessent de changer, pour
l'amour d'elle, ces formules également définitives,
si persuadés qu'ils sont faits pour la conquérir
que ces changements, si nombreux, si rapprochés qu'ils soient les uns des autres, n'ont jamais
découragé leur espérance.

— Révolution ou Transformation, Changements ou Bouleversements, Époques nettement
définies, lentes Évolutions, peu m'importent les
noms et même les siècles, peu m'importe qu'on
en accroisse le nombre, au nom de la science ou
de la fantaisie, jusqu'à un total incalculable : je
ne trouverai point qu'il y en ait trop, ni que cette
préparation ait été trop lente, trop violente, trop
imposante, pour élever à la raison et à la pensée
un théâtre qui fût digne d'elles. Le monde où la
liberté de l'homme devait s'exercer en concours
avec celle de Dieu ne réclamait pas moins que

ce long et douloureux enfantement. Accumulez
les siècles et les merveilles, il n'y en aura jamais
trop pour servir de fondement à une seule pensée, à un seul élan d'amour, à un seul acte de
liberté, à plus forte raison pour porter l'humanité
et son histoire, la nature et la grâce, la philosophie et la religion.

— Les hommes ont eu toutes les pensées, les
plus fines et les plus solides, les plus justes et les
plus profondes, avant qu'on songeât à découvrir
ce que l'exercice de la pensée emprunte aux
nerfs, aux cellules de toute forme et de toute
nature, à leurs nucléoles, sans parler des infiniment petits qu'on n'a pas encore découverts et
de ceux qu'on n'atteindra jamais. Supérieure aux
organes qui la servent, et d'autre nature qu'eux,
la pensée demeure ce qu'elle était avant qu'on
commençât à les étudier, étude qu'elle a inspirée,
qu'elle dirige et qu'elle juge.

— Tant de révolutions, de transformations,
d'évolutions que je puisse supposer sur cette
terre et dans l'univers entier, je ne les puis
supposer sans suite, sans ordre, sans loi, c'est-
à-dire sans pensée.

— Plus vous divisez les sciences, plus vous
partagez l'ancien et vaste domaine de chacune

d'elles en de nouveaux domaines, moins elles se
suffisent, plus elles réclament le concours des
sciences voisines, qui en appellent d'autres à leur
aide, qui rentrent toutes, pour finir, dans l'unité
de la Science et de la Vérité.

— Les philosophes et les savants de nos jours
remplissent à l'envi les cadres que leurs prédécesseurs ont tracés il y a deux mille ans. C'était
alors, à défaut d'observations exactes et nombreuses, l'élément primitif, universel, qui domi-
nait dans les pensées des philosophes; de nos
jours c'est l'élément acquis. Il serait difficile de
découvrir présentement un seul système qui n'ait
point ses racines dans l'antiquité; nous dévelop-
pons, nous perfectionnons : rarement il nous est
donné d'inventer.

— Les progrès de la méthode, quand il s'agit des
sciences de la nature, seraient-ils autre chose que
les progrès de l'attention servie dans un milieu
plus favorable par des instruments plus parfaits ?

— Les lois des nombres et celles des corps
s'expriment par des propositions dont le sens ne
varie point et la forme très légèrement. Tous
ceux qui les entendent les entendent de la même
manière, sans y rien ajouter, sans en rien retran-

cher, sans y rien mettre qui soit à eux. A vrai
dire elles ne sont pas des pensées, mais seulement pour la pensée une occasion de naître, de
s'élever, de s'étendre. A partir d'elles, en effet,
on induit, on déduit, on suppose, on affirme, on
pressent, en un mot on pense avec la nature
propre de son esprit, avec tout soi-même.

———

— Eh quoi! vous n'étiez pas à l'Académie (1)?

— A mon grand regret, je n'ai pu m'y rendre à
l'heure fixée.

— Pour moi j'en sors enchanté, ravi d'avoir
entendu mieux qu'un savant, mieux qu'un écrivain : un philosophe, un homme.

— Je le vois : vous ne connaissiez point Pasteur tout entier.

— Je le confesse humblement.

— Combien d'autres répèteront demain l'aveu
que vous faites avec tant de sincérité.

— Je crois l'entendre encore, et je voudrais...
mais je crains de n'y point réussir.

— Ne craignez pas, recueillez de votre mieux
vos souvenirs ; je compte sur votre obligeance et
votre mémoire.

— Qui l'eût cru qu'en un jour de réception so-

(1) 27 avril 1882.

lennelle, et à l'époque où nous vivons, un membre illustre de l'Académie des Sciences osât parler avec éloquence d'un Infini auprès duquel tous les mondes finis, connus et inconnus, visibles et invisibles, sont comme un pur néant, osât dire que cet Infini tourmente, obsède non seulement l'âme d'un Socrate, d'un Platon, d'un Pascal, mais, à certaines heures, toute âme humaine ; que cet Infini infiniment au-dessus de tout ce que nous pouvons concevoir ou imaginer est plein de mystères impénétrables..... Mais encore une fois je crains d'affaiblir ou d'altérer......

— Vous vous rappelez nos discussions sur le troisième moment de la pensée ?

— Je me les rappelle.

— Doutez-vous encore que ce troisième moment, absorbé en apparence par les sciences exactes et les sciences de la nature, n'en ait pas moins, de Képler à Descartes, de Descartes à Leibniz, de Leibniz à Ampère, à Cauchy, à Pasteur, sa part de haute et sublime métaphysique ?

— Je n'en doute plus, je n'en doute plus. .

————

— Savoir et penser sont si peu la même chose que deux esprits, à savoir égal, peuvent penser ou ne penser point, ou avoir des pensées très différentes. On a même vu plus d'une fois la pensée varier dans un homme, sans que le savoir en lui augmentât ou diminuât le moins du monde. Tel avait fermement résolu de n'être jamais qu'un savant, de se borner à constater ce qui est ou ce qui paraît, dont la pensée une fois mise en mouvement a bientôt franchi le cercle étroit des connaissances dites positives, et s'est perdue dans le monde des chimères. En Dieu seul la pensée n'a pas à compléter la science ou à la devancer. La perfection de l'une implique celle de l'autre, ou, pour mieux dire, en lui la Science et la Pensée ne sont qu'un.

— Ni l'animal ne saurait changer son instinct, ni la plante le parfum de sa fleur, le dessin de sa feuille, la saveur de son fruit. L'homme seul peut changer du tout au tout et, pour ainsi dire, du jour au lendemain, le sens et la direction de ses pensées. La pensée de l'homme n'a rien de commun avec l'instinct de l'animal et les lois de la plante.

— Humiliez tant qu'il vous plaira, rien n'est plus facile, la pensée de l'homme. Faites-lui voir que ce monde visible où elle s'absorbe, et dont la terre n'est qu'un point, n'est lui-même qu'un atome auprès de l'immensité des mondes, que

cette immensité à son tour est comme un rien au
regard de l'Infini : il restera toujours qu'il con-
çoit cet Infini puisqu'il l'épouvante, cette perfection puisqu'elle l'attire. Plus vous faites d'efforts
pour m'abaisser, plus vous élevez en moi les
sommets auxquels vous comparez mon néant.

CHAPITRE VIII.

Philosophie et Religion.

— Se posséder soi-même dans la lumière de l'esprit et la paix du cœur me semble le bien le plus rare et le plus désirable. Il faut moins qu'une passion violente, moins qu'un grand revers ou une grande douleur, il suffit d'une affaire qui nous inquiète, d'un travail qui nous absorbe, d'une idée fixe, d'une vive image, d'une contradiction, d'un malaise, d'un souffle, d'un rien, pour le ravir au plus grand nombre. Plusieurs ont passé leur vie à défendre leur liberté, celle d'autrui, les libertés publiques, tous les genres de liberté, qui n'ont possédé qu'à de rares intervalles la liberté d'esprit.

— Quand on a fait, au début, deux parts de
ses espérances, l'une pour les choses du temps,
l'autre pour la vie à venir, on n'a rien perdu après
les plus amères déceptions, et il reste encore le
droit de tout espérer.

— Ni la beauté, ni la raison ne nous appartiennent en propre ; elles sont prêtées, l'une pour un
temps et à un petit nombre, l'autre à toute âme
humaine. L'aveu tacite mais formel de cette
dépendance c'est la modestie, sans laquelle ni la
beauté n'est toute belle, ni la raison toute raison-
nable.

— Mme de Tencin est née, dites-vous, et elle a
résidé vingt ans dans ce château, au sommet de
ce rocher. Je regarde au lieu que vous m'indiquez :
c'est pour la première, ce sera pour la dernière
fois. Ma curiosité est satisfaite : mon cœur n'était
pour rien dans ma curiosité. Conduisez-moi dans
ces jardins de Beauregard où Massillon priait,
rêvait, se recueillait, sous ces allées de Germigny
où Bossuet conversait et méditait tour à tour,
j'aurai de la peine à m'arracher de ces lieux si
pleins de grands et doux souvenirs. J'y laisserai
quelque chose de mon âme : mon désir ne
s'éteindra point de les revoir et de les visiter
encore. Jamais je n'ai vu se dresser de loin la

vieille tour de la cathédrale de Meaux sans un
respect et une émotion bien dus au souvenir du
génie, de l'éloquence et de la pensée.

— Beaucoup de grandes et belles âmes ont
demandé à Dieu cette suprême faveur, qu'après
les orages d'une vie laborieuse et agitée il leur
accordât quelques jours de solitude pour se préparer à paraître devant lui : on compte celles qui
l'ont obtenue. Ce qu'a été pour elle un temps si
court et si précieux, quelles pensées, quels sentiments l'ont rempli, le saurons-nous jamais, et
pourrions-nous assez bien remplacer leur témoignage par nos hypothèses? Quelle conversation
avec Dieu faite d'élans, de regrets, d'humilité, de
foi, d'espérance, de désirs d'autant plus ardents
qu'ils étaient plus près d'atteindre leur objet!
Quelles pensées soudain redressées après quelles
déviations, soudain achevées après quel long et
laborieux enfantement, poussées à quelle profondeur après s'être traînées longtemps à la surface,
éclairées de quelles intuitions à l'approche de
la grande lumière! Comme tout cela ressemble
peu à nos pensées obscurcies par tant d'ombres,
rétrécies par tant d'intérêts et de passions! Non,
le monde ne connaîtra jamais, et peut-être il ne
comprendrait pas ces entretiens où le monde
n'avait plus de part.

— Notre raison est ainsi faite, et Dieu y a si bien marqué son empreinte, qu'elle s'étonne d'être dans le temps. Les meilleurs esprits ont je ne sais quelle secrète tendance à supprimer ses limites et à le confondre avec l'éternité.

— *Temps, Éternité* : deux mots qu'on prend souvent l'un pour l'autre, tellement l'un est bien dans l'autre, et tellement tous deux se pénètrent dans l'homme qui tient au temps par sa vie mortelle, à l'éternité par sa raison.

— Inquiet s'il sera jamais, l'avenir se fait sa place dans le présent par le rêve et par l'espérance.

— Nous nous disons jeunes ou vieux par rapport au peu d'années que nous avons vécu : il n'est point de vieillesse au regard des années éternelles.

— C'est moins l'éternité qui nous étonne et nous embarrasse que le temps ; c'est moins ce qui est primitif, absolu dans nos pensées que ce qui, en elles, varie, s'écoule et nous échappe. Ce que nous cherchons dans le phénomène ce n'est point le phénomène, c'est la loi; ce n'est point ce qui passe, c'est ce qui demeure.

— Où ont-ils appris ce qu'est en soi la connaissance parfaite, eux qui veulent que nous ne con-
naissions rien parfaitement? Cette haute, cette
sublime idée qu'ils ont *du connaître* d'où leur est-
elle venue? Cette mesure qu'ils appliquent à nos
jugements qui la leur a mise en main? D'où
savent-ils que ceux-ci atteignent, sans les pouvoir jamais dépasser, des images, des mots, des
symboles, tout ce qui ressemble le moins à la
vérité absolue? Pas plus qu'eux nous n'espérons
posséder ici-bas la science parfaite, mais l'idée
qu'ils en ont est si claire, si distincte; dans leur
effroi qu'on ne les croie capables de la poursuivre,
ils la dépeignent d'une telle grandeur, d'une profondeur si insondable, ils en parlent si éloquem-
ment que nos convictions s'affermissent, rien
qu'à les entendre. Est-ce le résultat qu'ils atten-
daient?

— Vous avez découvert, à force de patientes
recherches, de subtiles analyses, cinq ou six
contradictions (il vous plaît de les nommer des
antinomies) permanentes, surprenantes, irré-
ductibles. C'est bien peu, croyez-moi, il y en a
davantage : le monde en est plein, il en est fait.
Votre esprit de même; car s'il les découvre grâce
à son rapport avec l'infini, il ne les explique

point : sa limite l'en empêche. La contradiction qui vous fait douter de Dieu et de la raison ne se voit si bien qu'en nous : nulle part l'union des deux inconciliables, le fini et l'infini n'est si étroite que dans les profondeurs de notre être. Lequel des deux nierez-vous sans vous nier vous-même tout entier !

— Si l'on me demandait de quelle École je veux être, de celle où la pensée va sans cesse grandissant et élevant tout le reste à sa suite, ou de celle qui, abandonnant chaque jour une vérité, livre peu à peu tout l'empire aux sens, je n'hésiterais pas à me ranger du côté de la pensée, sûr que je serais de triompher tôt ou tard avec elle. La vérité n'a jamais manqué d'adversaires, elle ne connaît pas de vainqueurs.

— On peut être idéaliste au point de ne croire qu'à son esprit et pas du tout à son corps, encore moins au corps et à l'esprit des autres. Dans cette solitude profonde on pense, comme il est naturel, des choses extraordinaires. Ce qui me surprend, c'est qu'on songe ensuite à communiquer ces pensées à d'autres esprits, car il n'en est point, — à se servir pour cela de la matière, car elle n'existe pas.

— Tous croient en Dieu, car aucun n'a jamais

dit : ma vérité. Mais ils ne savent pas moins que l'esprit humain est faillible, car ils ne cessent de dire : ma pensée, ma philosophie.

— Où l'on ne discute pas du tout, la vérité sommeille, elle est sans influence. Où l'on abuse de la discussion, la vérité est trop souvent stérile. Où l'on discute avec autant de conscience que de convenance, dût-on ne consentir que des trèves, la vérité agit suivant sa nature, elle se développe, elle vivifie, elle engendre. L'ardeur de la discussion importe moins d'ailleurs que l'objet de la discussion. Discuter sur la nature de l'âme, sur ses attributs, sur ses rapports avec Dieu, sur la raison, la liberté, la grâce, ou discuter pour ravir à l'âme tout attribut, tout avenir, toute réalité, n'est point du tout une même chose. On pardonne volontiers quelques excès de plume ou de parole à ceux dont les polémiques nous découvrent des titres nouveaux de noblesse, de grandeur, d'immortalité. Mais quelle excuse possible pour ceux qui dépensent, quelquefois durant une vie entière, toutes les forces de leur esprit à nous prouver qu'il n'y a point d'esprit, qu'il n'y a nulle part nul esprit, et que bêtes, nés de bêtes, nous finirons comme la bête !

— Vous chercheriez en vain sur les plus hautes

cimes de l'intelligence les causes de leur soudain
changement, et pourquoi ils ne pensent plus
comme ils pensaient. Descendez, descendez encore, et des régions supérieures que bouleversent
les grandes tempêtes, abaissez-vous jusqu'à ces
courants voisins du sol, et que détermine le
souffle léger de l'opinion ou la brise caressante de
la flatterie...... : vous y êtes.

— A peu de chose près, leur pensée était juste
avant qu'on l'eût contredite, mais ce peu de
chose qu'ils se sont obstinés à défendre étant
devenu pour eux le principal a corrompu tout le
reste.

— Le chef d'une école ou d'une secte, sa con-
ception au début lui eût-elle semblé inépuisable,
si sa vie est un peu longue, finit par se trouver à
l'étroit dans sa propre pensée. A plus forte raison
ses disciples qui n'ont que le choix de briser le
cadre du maître ou de s'y emprisonner. Celui de
l'Église est autrement large. Pensées et penseurs ont pu s'y mouvoir à l'aise depuis dix-huit
siècles, et il en naît tous les jours qui s'y développent librement. Quelle pensée vraie pourrait
n'avoir point sa place dans le sein de la vérité !
Les limites ne commencent que quand on en veut
sortir.

— Il n'y a point de mal, dites-vous, à l'origine, et l'homme n'est point naturellement mauvais. Mais n'est-ce pas un mal très réel que l'homme puisse devenir mauvais, et que ses semblables puissent le corrompre !

— S'ils ne disent rien de l'amour de Dieu pour ses créatures, leur théodicée est incomplète, leur philosophie exposée à toutes les chutes, incapable d'achever, dans toute la rigueur du terme, une seule de ses théories. S'ils en traitent, mieux ils en parleront, plus ils se rapprocheront du christianisme : ce qu'ils ne veulent pas, et en quoi ils se montrent très peu philosophes.

— J'ai cherché longtemps comment je pourrais bien devenir libre-penseur, sans que ma pensée cessât de dépendre uniquement de la vérité, je n'ai trouvé qu'une voie, mais elle est sûre : c'est de ne rien ambitionner, de ne rien désirer de ce que donnent les hommes, pas même la plus légère caresse du souffle populaire, *popularis auræ*.

— Cléon attend pour paraître en public dans l'église de sa petite ville, qu'il y vienne plus d'hommes qu'on n'en voit à l'heure présente. On n'en est pas encore au chiffre qu'il s'est fixé, mais

on en approche ; le jour où on l'atteindra, Cléon
n'hésitera pas à se montrer devant tout le monde
ce qu'il est au fond du cœur depuis assez longtemps. Oronte est dans les mêmes dispositions
que Cléon, et Timagène ne pense pas autrement
qu'Oronte et Cléon. Ils sont dix ou quinze dans
la petite ville, peut-être davantage, qui s'attendent
ainsi, sans le savoir, les uns les autres. Ensemble
ils feraient un assez beau chiffre, bien supérieur
à celui que Cléon s'est fixé. De grâce qu'une personne charitable en souffle un mot à l'oreille de
Cléon, d'Oronte ou de Timagène.

— Ce n'est point la religion qui a rétréci l'esprit de Microphile : c'est Microphile dont l'esprit
étroit n'a pu recevoir de la religion infiniment
trop large pour sa médiocre capacité qu'une petite
et infime partie brisée, déformée, méconnais-
sable.

— Se préoccuper des choses religieuses, discourir et s'agiter à leur occasion, n'est pas un
signe certain qu'on en soit pleinement détaché.

— Qui ne voit dans l'Église qu'un moment, un
point, une tache, s'y absorbe et finit par douter ;
qui voit l'ensemble et la suite sentira sa foi s'af-
fermir. Quelle plus grande merveille qu'un tout

harmonieux, vivant, immortel, formé des éléments les plus sujets à la corruption ! Rien de
plus fragile que les parties, rien de plus solide
que le tout. Un germe de mort est déposé dans
chaque atome de ce corps immense, le corps
lui-même vit, s'affermit, grandit : c'est Dieu qui
l'anime.

— Il faut, pour soutenir dignement la cause de
la religion par ses discours et par ses écrits, unir
le savoir à la charité. Le petit nombre de ceux
qui l'ont bien défendue possédaient l'un et l'autre
à un degré éminent. Peut-être même la charité
est-elle encore plus nécessaire que la science :
les vérités chrétiennes ne sont si bien démontrées
que par les vertus chrétiennes.

————

— Je ne désespère point de résoudre une à
une, jusqu'à la dernière, les objections soulevées
contre le christianisme par ses adversaires de
tous les temps, et, en particulier, par les savants
et les philosophes modernes. Vous savez si elles
sont nombreuses, et si chaque jour en voit naître
de nouvelles. Encore quelques années de ce rude
labeur, et ce sera, je l'espère, chose faite. Je
n'aurai plus qu'à me reposer dans la sécurité

12

d'une foi inébranlable, dans la paix d'une conscience sûre d'elle-même.

— Voilà une route bien longue et bien difficile :
on peut mourir avant de l'avoir parcourue. Permettez que je vous en indique une plus courte.

— Très volontiers.

— Croyez-vous en Dieu ?

— Pouvez-vous bien me poser cette question !

— Croyez-vous qu'il est le Dieu infiniment bon,
qu'il est toute bonté, tout amour ?

— Si je ne le croyais pas, je ne croirais pas en
Dieu.

— Que cet amour n'a point de limites ?

— Il le faut, si Dieu est infini.

— Eh bien, creusez cette pensée et faites-en
sortir toutes les pensées qu'elle renferme ; ne la
ménagez pas, ne craignez pas de l'épuiser. Elle
vous conduira plus directement au but que toutes
vos recherches. Elle ne permettra point que vous
vous arrêtiez avant d'être arrivé au christianisme
qui, vivant de la plénitude de la vie, n'a jamais
dit à l'amour divin : « ici est ta limite ; — ici tu
dois t'arrêter ; — il n'est pas dans ta nature d'aller
plus loin. »

————

— Les mystères de la foi étonnent et repous-
sent d'autant moins qu'on creuse davantage l'idée

d'Infini et que, d'un cœur plus pur, d'un esprit plus droit, on se place plus résolûment en sa présence. A la fin, les plus profonds sont ceux qui attirent davantage : il semblait autrefois que la raison ne pût, à aucun prix, s'en accommoder, et maintenant c'est par eux que la raison retourne à la foi. Les six vers de Polyeucte se lisent alors dans l'ordre inverse, et les deux derniers, qu'on proclamait impénétrables, éclairent divinement les quatre autres dont on avait à peine effleuré le sens :

> Je n'adore qu'un Dieu maître de l'Univers
> Sous qui tremblent le ciel, la terre et les enfers,
> Un Dieu qui nous aimant d'une amour infinie
> Voulut mourir pour nous avec ignominie,
> Et qui, par un effort de cet excès d'amour,
> Veut pour nous, en victime, être offert chaque jour.
>
> CORNEILLE.

———

— Le doit-on croire que si petite, et dans ce coin reculé du monde, la terre ait été choisie pour servir de théâtre à de telles merveilles ?

— Le plus grand des soleils n'est pas plus grand que la terre au regard de l'immensité. Si le monde matériel pouvait avoir un centre, ces merveilles feraient de la terre le centre du monde.

———

— Les hommes qui se comprennent le plus facilement sont ceux dont l'esprit est parvenu à la même hauteur, et qui voient des mêmes sommets les vérités et leur suite. Ce parfait accord est assez rare, nous n'espérons pas qu'il devienne jamais universel. Heureusement l'élévation des sentiments peut suppléer à celle de l'esprit, et le plus grand nombre en est capable. Où les pensées ne concordent pas, le cœur affaiblit les dissonances, souvent même il les supprime.

— L'idéal du bonheur n'est ni derrière nous, ni devant nous, il est en nous. Il n'appartient pas plus au passé qu'à l'avenir : il est le bien de chaque jour, puisqu'il est le bien de notre âme.

— Mal satisfaits du présent, comptant peu sur l'avenir, volontiers nous louons le passé. Ne sachant où placer l'idéal dont la pensée nous obsède, nous le confions à cette portion du temps sur laquelle le temps et la fortune n'ont plus aucun pouvoir.

— Supposons un instant le christianisme épuisé, tari : le lit de son grand fleuve est à sec, pas une goutte d'eau dans ses moindres affluents. Le monde entier, sans exception d'un seul homme,

d'une seule âme, a cessé de croire à lui et à sa
divinité. Mais le monde a gardé de la civilisation
tous les progrès matériels, l'imprimerie, la vapeur, l'électricité, la poudre à canon, la dynamite,
les machines qui centuplent la force n'importe
où elle s'applique, la puissance d'édifier et, en
regard d'elle, une puissance égale sinon supérieure de détruire. L'homme a gardé sa double
nature, l'énergie de ses passions accrue par l'habitude des jouissances, ses désirs aiguisés par
des excitations incessantes. La multitude a gardé
sa crédulité, sa mobilité, son envie ; un trop
grand nombre leur dénuement absolu et leur
haine.

A l'heure même où tous, grands et petits, s'ef-
forçaient avec un redoublement d'ardeur géné-
reuse ou de sauvage énergie, de gravir les mêmes
sommets, d'atteindre aux mêmes biens, la seule
force qui fît équilibre à cette impulsion irrésistible, effrayante, a cessé d'agir : elle n'est plus.
Voyez d'ici l'humanité lancée à toute vitesse avec
un modérateur tout-puissant : si celui-ci lui fait
défaut, s'il s'arrête ou se brise, quelles secousses
d'une incomparable violence, et bientôt après
quelle catastrophe !

Où chercher pour s'appuyer sur elle, comment
retrouver, dans ce conflit soudain des intérêts et
des passions, des ambitions et des convoitises,

une nature primitive que le christianisme assurément n'a point détruite, mais dont il a peu à
peu diminué les imperfections, affaibli ou corrigé
les mauvais instincts, refoulé l'égoïsme, adouci
la brutalité, qu'il a rendue capable d'une civilisation où le progrès de l'âme (œuvre impossible
avant lui, difficile même avec lui) fît équilibre
jusqu'à la fin au progrès matériel, où l'homme
sentit croître sa modération avec ses jouissances,
l'énergie de son dévouement avec la facilité de
ses plaisirs, où il fût plus humain à mesure qu'il
devenait plus riche, plus respectueux des droits
et de la liberté du faible à mesure qu'il devenait
plus fort, où.....

Non, l'absurdité d'une telle supposition suffit
à en démontrer le néant. Non, nous n'avons pas
besoin de regarder au lit du fleuve : ses eaux
n'ont pas baissé, car ses rives n'ont pas cessé de
se couvrir de moissons et de fleurs. Les vertus
chrétiennes partout épanouies font assez voir que
le christianisme n'est pas près d'abandonner le
monde.

— On comble les vides et on charme les tris-
tesses de la vie, dans la jeunesse par les rêves,
plus tard par les souvenirs, en tout temps par la
pensée, celle des autres ou la sienne, la lecture
ou l'étude.

— « Donnez-moi un souvenir, pensez à moi. »
On ne dit pas : « Aimez-moi, » l'usage n'est pas
ainsi et souvent l'on n'oserait. Il est plus simple
et plus digne de demander la pensée : on sait
bien qu'elle ne viendra pas sans un peu d'affec-
tion.

— Admirable économie de la pensée humaine
qui ne cesse point de tenir la vie pour chose
courte et fragile, et qui, dans cet instant reconnu
fugitif, dispose le présent de mille manières, se
souvient avec regret des longues heures perdues
dans le passé, multiplie pour l'avenir les projets
et les espérances.

— Il est certain que la religion de la bonne
femme n'est point la religion parfaite, et que celle
du philosophe pourrait l'être. Mais si la religion
de la bonne femme, droite et sincère en sa simplicité, prie Dieu tous les jours, le remercie de
tout son cœur, l'aime de toute son âme, — et si
celle du philosophe subtile et vacillante en ses
raisonnements n'accomplit aucun de ces devoirs,
et ne sait au juste ce qu'elle doit à Dieu, ni si elle
lui doit quelque chose, — la religion de la bonne
femme est, de ce chef, infiniment supérieure à
celle du philosophe.

— Le simple fidèle ne sait pas toutes les raisons de sa foi, mais il en sent les rapports avec
ce qu'il y a de meilleur et de plus noble en lui,
avec toutes les puissances de son cœur et de sa
pensée. Les démonstrations des savants et des
sages s'ajoutent à cette démonstration intérieure,
elles ne la remplacent pas.

— La force d'esprit n'est point de dire : je ne
serai plus, ou je ne serai point du corps de
l'Église, car j'y ai découvert des taches. — La
force d'esprit est de dire : je resterai, avec l'aide
de Dieu, dans le corps de l'Église, ou j'y entrerai,
car j'ai découvert pourquoi il y a des taches, et
qu'elles n'altèrent en rien la pureté de son âme
et sa beauté.

La force d'esprit n'est point de dire : tel prêtre
a failli, la religion d'un tel est sans largeur et
sans lumières, tel autre se complaît et s'absorbe
en des dévotions minutieuses, celui-ci en affecte
les dehors pour mieux cacher ses fourberies ou
ses vices : hâtons-nous de proscrire une religion
funeste à l'humanité. — La force d'esprit est de
dire : je sais pourquoi il y a des chutes déplora-
bles, des esprits étroits, des superstitieux et des
hypocrites, et que la religion n'en est pas moins
la sauvegarde des mœurs, l'école des grands et

libres esprits, l'inflexible gardienne de la sincérité et de la vérité.

— Les hommes travaillent, s'agitent, se tourmentent, surtout en vue de l'idée que d'autres
hommes auront d'eux. Cette idée d'une idée est
leur grande préoccupation, l'objet de leurs continuels soucis. Les plus décidés matérialistes ne
sont pas les moins sensibles à l'estime, à la renommée, à la gloire ; ils se nourrissent de ces
idées, ils s'en font un doux spectacle, ils vivent,
quoiqu'ils en aient, dans le monde de l'esprit. Les
hommes sincèrement religieux, les vrais philosophes ne négligent pas non plus les jugements
humains, mais ils demandent d'abord à leur conscience ce que Dieu pense d'eux et de leur vie.
La réponse, si elle leur est favorable, leur tient
lieu de tous les autres jugements et, au besoin,
elle les en console.

— Ce qui passe et s'écoule tout entier, sans
retour, ne saura jamais qu'il passe et que quelque chose demeure. Le premier qui a dit : *Tout
passe, tout s'écoule,* a affirmé le rapport étroit de
sa pensée avec ce qui ne passe point : il a affirmé
la raison et Dieu.

— Vous voulez savoir comment Dieu pense, et

il ne vous suffit pas d'entendre qu'il est la pensée
éternellement en acte : retranchez donc de sa
pensée d'abord tout élément acquis...., ou plutôt
ne retranchez rien que l'acquisition elle-même,
la succession, l'intermittence, le progrès, en un
mot toute limite. Élevez à l'infini le pouvoir de
comprendre, c'est-à-dire égalez la Science de
Dieu à son Être; concevez une raison qui soit
toute raison, une lumière qui soit toute lumière.
Imaginez une parole éternellement engendrée par
cette pensée éternelle ; et quand vous aurez
épuisé votre puissance d'entendre, de comprendre, d'imaginer, pensez que vous n'avez encore
rien fait, qu'il reste tout à faire, et que cet aveu
est le point culminant de votre science de Dieu.

— Ces textes de l'Évangile que vous tourmen-
tez de vos discordantes critiques, sur lesquels
vous épiloguez durant des volumes entiers, que
vous déclarez apocryphes ou déraisonnables,
n'ont cessé, depuis dix-huit siècles, d'élever, d'é-
clairer, de fortifier les âmes. Que faut-il croire
de vos hypothèses ou des faits, du pédantisme
qui torture des syllabes ou de la civilisation chrétienne qui s'épanouit et conquiert le monde ?
Le choix n'est guère douteux.

— Retranchez de l'Évangile tel livre ou tel

verset qu'il vous plaira, nous les gardons tous.
L'unité de l'esprit chrétien, l'unité de la civilisation chrétienne nous garantissent l'unité du livre
qui les a formés et les ranime incessamment.

— Que telle partie de l'Évangile convienne
mieux que telle autre à telle classe d'esprits ;
que celle-ci soit plus simple ou plus touchante,
celle-là plus profonde, nous l'admettons sans
peine. Mais que toutes ces parties ensemble,
dans une distinction aussi réelle que leur unité
est parfaite, aient formé l'esprit chrétien et le
conservent pur de tout alliage, c'est ce que l'histoire et les faits ne démontrent pas moins clairement.

— Il y a dans le monde encore trop de justice
pour que nous doutions de la Providence ; il y en
a trop peu pour que nous doutions de la vie à
venir.

— Les vérités dont on dispute le plus sont
celles dont la preuve est à la portée de tous. On a
écrit des milliers de volumes sur la liberté, et il
a toujours fallu en venir, pour prouver qu'elle
existe, au sentiment invincible, à la conscience de
la liberté. Est-ce à dire qu'on ait eu tort d'écrire
tous ces livres, et que rien de bon ne soit sorti

de ces polémiques interminables : loin de là.
Sans parler des pensées fécondes qu'elles ont fait
naître, des vérités qu'elles ont, chemin faisant,
aidé à découvrir ou à mettre dans un plus beau
jour, elles ont prouvé que tous les hommes ont
l'idée de la liberté, et que celle-ci vient directement de Dieu, puisqu'elle est à la fois certaine et
impénétrable. C'est, pour une vérité, la marque
infaillible de son rapport étroit avec la nature
divine, qu'elle soit tout ensemble au-dessus du
doute et au-dessus de nos raisonnements. Elle est
sous notre main et elle ne se livre pas, sous notre
regard, et nous n'en découvrons que la moindre
partie. Elle engendre une multitude de pensées
vraies, mais la pensée unique qui devrait l'embrasser tout entière se dérobe à toutes nos pour-
suites.

— Il vous faut des signes : rien de plus raison-
nable. Quels signes voulez-vous ? Celui de la
durée ?

— Elle a commencé avec le premier homme,
avec la première âme humaine.

— Celui de l'autorité ?

— L'autorité est son nom.

— Celui de la liberté ?

— La liberté est sa raison d'être. Tout en elle,

dogmes, pratiques, enseignements, sacrements, préceptes, conseils, s'adresse à la liberté, suppose la liberté, fortifie la liberté.

— Celui de la vertu ?

— Voyez les âmes qu'elle a formées, les dévouements qu'elle inspire.

— Celui de la pensée?

— Nommez-nous les sommets qui dépassent ses sommets, la profondeur qui égale sa profondeur, la pensée des sages qui n'a point sa place dans sa pensée.

— Celui de l'amour ?

— Regardez à son principe, au vrai, au dernier, à la source immortelle de sa vie.

— Celui de l'amour et de la haine ?

— Regardez l'histoire.

————

— On pense tous les jours à beaucoup de choses qui ne sont plus, et cette pensée est simplement un souvenir : penser à ceux qui ne sont plus est tout différent. S'ils ont été nos amis, nos parents, nos proches, notre âme est parfois émue comme si une âme l'entendait et allait lui répondre. De même pour les grands hommes : orateurs, poètes, sages ou saints ; fussent-ils morts il y a deux mille ans, penser à eux, c'est plus que réveiller un souvenir, c'est évoquer une âme, c'est s'éclairer à sa lumière, se réchauffer à sa flamme. Monde des esprits, monde insondable, il est plus facile de vous nier que de se séparer de vous et de vivre sans vous !

— Rien n'est fécond, mais aussi rien n'est agité et tourmenté comme les dernières années de ces grands hommes, philosophes, théologiens, orateurs, savants, qui ont beaucoup écrit et beaucoup pensé. Pour eux les luttes succèdent aux luttes, les polémiques naissent des polémiques ; chaque erreur qu'ils combattent leur vaut dix adversaires de plus ; leur gloire, en s'accroissant, en accroît chaque jour le nombre. Rarement peut-on dire du déclin de leur vie que c'est *le soir d'un beau jour*. Ce privilège n'est guère que pour le sage : il le perdrait, si au lieu de jouir silencieusement de sa pensée, il s'efforçait de la répandre et de la défendre. Mais ce sage est-il le vrai sage?

— Dorante éprouve une sincère compassion pour ceux qui sont demeurés chrétiens : il a grande pitié de leur extrême simplicité. Pour lui, voilà bien du temps que ces fables ne font plus aucune impression sur son esprit : c'est l'homme de France le plus libre de préjugés. J'eus le bonheur de l'entendre, hier encore, m'entretenir

avec émotion de la joie profonde qu'on éprouve
à penser par soi-même. Nous nous rendions ensemble au Cercle où, depuis bientôt trente ans,
une Revue à laquelle Dorante croit plus fermement que les chrétiens à l'Évangile, lui fournit,
au jour le jour, sa petite provision d'idées et de
pensées.

— Beaux esprits-forts qui n'ont pas su résister
à un sophisme, à un mensonge, à une plaisan-
terie, et qui s'en iront à leur tour semer à travers
le monde le mensonge, le sophisme et la plaisan-
terie, pour grossir de tous les faibles et de tous
les ignorants qui s'y trouvent le nombre des
esprits-forts.

— Ne vous étonnez pas de voir, à la fin d'une
longue carrière tourmentée par le doute, semée
çà et là de protestations hostiles, de grands
esprits se jeter résolûment dans les bras de la foi
et mourir en vrais chrétiens. Ce n'est ni peur, ni
contradiction, ni défaillance, mais conclusion suprême, et dernier terme d'une lutte qui finirait
ainsi pour le plus grand nombre, si un grand
nombre ne mourait avant la fin. Il en est bien peu
chez qui toutes les racines soient desséchées, et
qui ne trouveraient pas, s'ils voulaient bien son-
der, au fond de leur âme, quelque fibre oubliée

mais encore vivante. Il n'en faut qu'une soudai-
nement touchée pour ébranler toutes les autres.

— Le christianisme est plein de vérités simples,
sublimes, étroitement enchaînées, dont l'une appelle l'autre, et dont la moindre a de secrets
rapports avec tout ce que nous sommes. On peut,
durant des années entières, passer à côté d'elles
sans les remarquer, les voir sans les regarder;
il n'en faut qu'une survenant à son heure, tou-
chant au point favorable, pour l'ouvrir et faire
passer les autres à sa suite : invasion qu'on n'attendait pas, et pour laquelle, — chose étrange, —
tout était préparé.

——————

— Le *Credo* de l'Église paralyse votre liberté.
— Il en fait partie, comme la raison qui appartient à tous les hommes fait partie de ma pensée,
comme l'idéal fait partie de la liberté du peintre,
de son talent ou de son génie : on en peut dire
autant du sculpteur, du poète, de l'orateur. Le
symbole de l'Église est une règle, et personne ne
se passe d'une règle; seulement les uns savent
choisir et les autres ne savent pas; les uns
aiment à prendre la règle aussi haut qu'il leur est
donné d'atteindre, les autres le plus près du sol
qu'il leur est possible. Celle-là a fait ses preuves :

les premières datent de loin, et celles qu'on voit de nos jours ne leur sont pas inférieures. Le symbole d'ailleurs n'est pas seulement une règle qui empêche de s'écarter ; c'est, au même degré que l'Idéal, une source intarissable de sentiments et de pensées.

———

— Le chrétien qui s'humilie ne fait pas seulement acte de vertu, il fait acte de la plus haute philosophie. D'où lui vient, en effet, cette conviction de son néant, et qui le justifie de s'abaisser à ce point, sinon l'idée claire, la conviction profonde de la toute-puissance de Dieu ? Descartes, dans ce qu'il a de meilleur, est là tout entier. Le raisonnement du chrétien n'est pas moins fort que le sien, ni le passage de l'imparfait au parfait moins légitime. L'acte de vertu vient par surcroît aider au mouvement de l'âme et l'achever. — A son tour la charité implique, chaque fois qu'elle agit, l'unité de la race humaine, sa filiation divine, le fondement des cités et des sociétés, la loi du vrai progrès, combien d'autres encore.

Il appartenait au christianisme d'unir à ce point l'amour et l'intelligence, et de mettre autant de lumière que de bon vouloir dans un acte de vertu. Nul ne pense aussi souvent et aussi

13

sûrement que le chrétien attentif à la prière que l'Église place sur ses lèvres, fidèle aux vertus qu'elle lui recommande. L'Évangile n'a pas moins fait pour la diffusion de la pensée que pour celle de la vertu. Le problème de rendre la vérité populaire sans la corrompre, et la philosophie accessible à tous sans l'avilir, est celui qu'il résout tous les jours.

TABLE.

——

DU MÊME AUTEUR :

CHEZ

DURAND ET PEDONE-LAURIEL,

Libraires-éditeurs,

PARIS,

13, RUE SOUFFLOT, 13.

I.

Les Principes de la Philosophie morale ou Petit Manuel de Morale, troisième édition, 1883, Paris, 1 vol. in-12. (100 p.) . . . . . . 1 fr. »

II.

De l'Esprit philosophique, 1 vol. in-12, 1877, Paris (176 p.) . . . . 2 fr. »

III.

L'Ombre de Socrate, deuxième édition des petits dialogues de philosophie socratique, précédés d'un Essai sur le rire et le sourire, 1 vol. in-12, 1878, Paris (288 p.) . . . . 3 fr. »

PREMIÈRE PARTIE.

Les Phénomènes. — Les Forces. — On a perdu

la vérité! — L'Ame humaine. — Les éléments des hautes spéculations. — Socrate couronné. — Mercure lecteur. — Les Abstractions. — La Psychologie de l'avenir. — La Sagesse et la Poésie. — Les Érudits. — Un sot marché. — Les Systèmes philosophiques.

SECONDE PARTIE.

Les Constitutions et leur principe. — La Morale et la Politique. — Le Songe de Platon.

IV.

De la Pensée, deuxième édition, 1883, Paris, 2 vol. in-12.

PREMIER VOLUME.

La Pensée et l'Amour. — La Méthode morale. — Leçons et Conférences.

(Voir plus haut la table des matières.)

SECOND VOLUME.

Notes et Réflexions.

Les deux volumes se vendent ensemble ou séparément :

Premier volume. . . . . 3 fr.
Second volume (3ᵉ édition). . 2

V.

PHILOSOPHIE RELIGIEUSE. — *Dialogues et Récits.*
— 1 vol. in-12 (332 p.). Grenoble, 1884.

La Naissance d'une philosophie. — Le Temps
et l'Unité de temps. — L'Espace et la Matière. —
Le Beau et l'Ame humaine. — Plaisir et Douleur,
Joie et Tristesse. — Un Cycle religieux, etc., etc.

———

Ce volume n'est point dans le commerce.

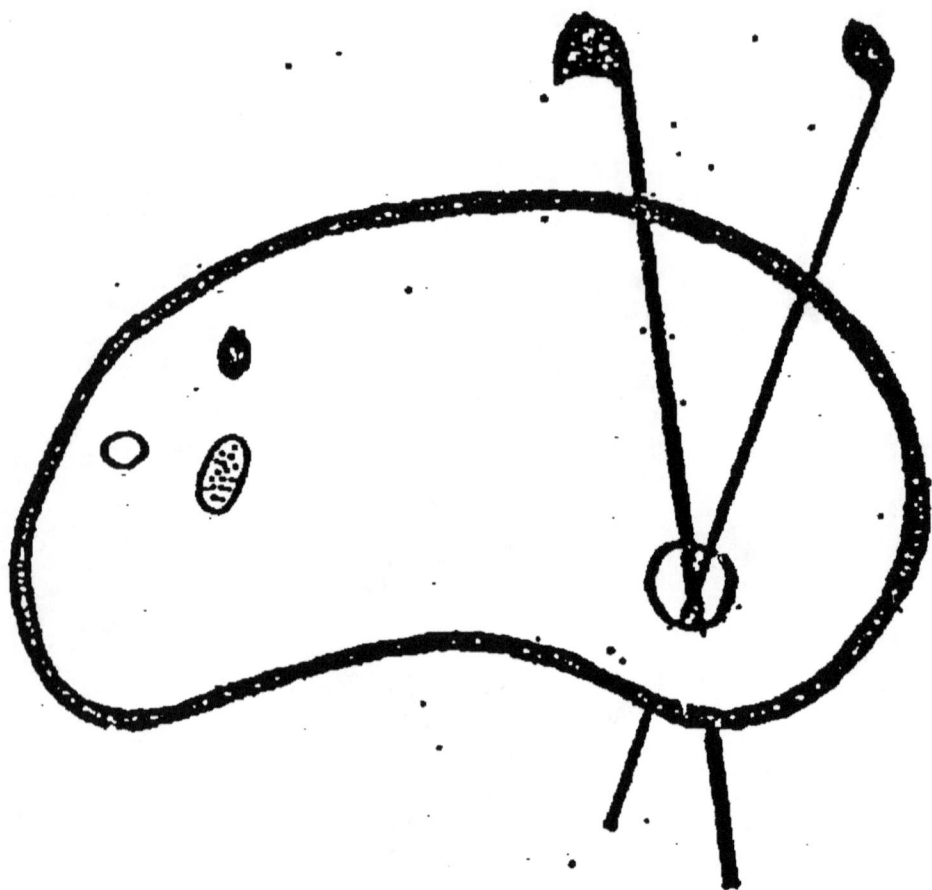

www.ingramcontent.com/pod-product-compliance
Lightning Source LLC
Chambersburg PA
CBHW070617100426
42744CB00006B/519